LE RÔLE DE L'ÉDUCATEUR

Éducation et psychanalyse

Collection "Émergences"
Dirigée par Françoise Carlier et Michel Gault

L'émergence foisonnante des sciences humaines et sociales a bouleversé l'univers conceptuel trop exclusivement fondé sur les sciences de la nature et sciences exactes. Il importe désormais de bien gérer les effets d'un tel bouleversement.

C'est ainsi que la collection "Émergences" veut baliser le champ illimité des recherches et des questions. Elle est constituée d'ouvrages de référence mais aussi d'essais d'écrivains chevronnés comme de jeunes auteurs. A la qualité scientifique elle tient à allier la clarté d'expression.

Lisbeth von Benedek, *Le Travail mental du psychanalyste.*
Paul Bercherie, *Les Fondements de la clinique*, tome 1 : *Histoire et structure du savoir psychiatrique*, tome 2 : *Genèse des concepts freudiens.*
Nicole Berry, *Le Sentiment d'identité.*
Annie Birraux, *L'Adolescent face à son corps.*
Gérard Bonnet, *Les Voies d'accès à l'inconscient.*
Janine Chasseguet-Smirgel, *La Maladie d'idéalité.*
Jacquy Chemouni, *Freud, la psychanalyse et le judaïsme*, *Un messianisme sécularisé.*
Joël Dor, *L'A-Scientificité de la psychanalyse*, tome 1 : *L'Aliénation de la psychanalyse*, tome 2 : *La paradoxalité instauratrice.*
Gérard Guillerault, *Le Corps psychique, Essai sur l'image du corps selon Françoise Dolto.*
Hervé Huot, *Du sujet à l'image.*
Hervé Jaoul, *L'Enfant captif, Approche psychanalytique du placement familial.*
G. et P. Lemoine, *Le Psychodrame.*
Marie-Françoise Lollini, *L'Irréparable outrage, La Psychothérapie analytique face à la chirurgie esthétique.*
Françoise Lugassy, *Logement corps, identité.*
Denise Morel, *Porter un talent, porter un symptôme.*
Claude Nachin, *Le Deuil d'amour.*
Hélène Piralian, *Un Enfant malade de la mort, Lecture de Mishima, Relecture de la paranoïa.*
Alexandra Triandafillidis, *La Dépression et son inquiétante familiarité, esquisse d'une théorie de la dépression dans le négatif de l'œuvre freudienne.*
Benoît Virole, *Figures du silence.*
Heitor O'Ddwyer de Macedo, *De l'Amour à la pensée, La psychanalyse, la création de l'enfant et D.W. Winnicott.*

© L'Harmattan, 1995
ISBN : 2-7384-3186-0

Daniel ROQUEFORT

LE RÔLE DE L'ÉDUCATEUR

Éducation et psychanalyse

Éditions L'Harmattan
5-7, rue de l'École-Polytechnique
75005 Paris

à Françoise Kocikowna

et Bruno Chillet,

Je remercie :

C. Duchemin, pédopsychiatre,
J.L. Meurant, psychanalyste,
M.T. Rastouil,
ma femme,
qui m'ont accompagné
et soutenu dans ce travail.

TABLE DES MATIÈRES

AVANT-PROPOS 11

1° PARTIE : LA CONSTRUCTION DE LA PERSONNE ET LES PATHOLOGIES   19

    Introduction. 19
    1) Le stade du miroir. 21
    2) L'introduction du symbolique 29
    3) Un Œdipe sans complexe 32
    4) Petite incursion dans la linguistique 43
    5) Le Père : une métaphore ! 50
    6) De la jouissance au désir 58

2° PARTIE: LE FONDEMENT DE L'ACTE ÉDUCATIF 65

    Introduction. 65
    1) Je suis, tu es, il est éducateur... 67
    2) Le champ éducatif. 75
    3) Éduquer sans effort. 81
    4) Le discours éducatif. 85
    5) La pratique éducative 94
    6) La question de l'éthique. 111

3° PARTIE: L'INSTITUTION 123

Introduction. 123
1) Les "pathologies" institutionnelles. 125
2) Le fonctionnement institutionnel :
distinguer le rôle et la fonction...................... 133
3) La sexualité en institution......................... 142
4) Les adolescents et leur prise en charge........... 158

CONCLUSION 171

TABLE DES ABRÉVIATIONS 173

AVANT-PROPOS

Ce livre est né d'un étonnement. En septembre 1976, nommé, bien que sans formation spécifique, à la direction d'un Institut-Médico-Pédagogique de Charente Maritime, je m'aventurais avec prudence sur des territoires inconnus. Je découvrais :
— les méandres d'une réflexion éducative post-soixantuitarde,
— les circonvolutions d'une pensée "psy" dominante,
— les dédales d'une comptabilité qui n'était pas encore analytique.
Tout me passionnait : les enfants, les réunions d'équipe, la vie d'internat, les ateliers, la gestion etc.
L'attitude des éducateurs, toutefois, ne manquait pas de me surprendre. En effet, ils ne pouvaient avancer une idée, proposer un projet sans s'assurer auparavant de l'approbation des "psy". Cette dépendance semblait aller de soi et ne déranger personne. Les "psy" au reste n'en profitaient pas ostensiblement, préférant jouir discrètement du pouvoir conféré à ceux qui savent...
Un détail anodin vint redoubler mon étonnement et faire signe d'une difficulté particulière. Visitant la bibliothèque de travail de l'établissement, je n'y découvris qu'une quinzaine de volumes entassés sans ordre. La moitié datait d'avant guerre. Le papier, jauni par les ans, soulignait leur contenu

suranné. Les titres oscillaient de l'éducation du caractère à la maîtrise de la volonté, la discipline étant, bien entendu, le moyen le plus sûr d'arriver à ses fins. L'autre moitié se composait des classiques, respectés de tous : Dolto, Mannoni, Bettelheim.

Je cherchais, mais en vain, un livre au contenu spécifiquement éducatif, écrit par un éducateur : rien ! J'interrogeais des collègues sur ce fait troublant. Tous me confirmèrent que depuis quelques années les éducateurs se nourrissaient exclusivement de littérature "psy" ! Je bénissais ma naïveté qui me permettait de telles questions, non sans m'inquiéter des conclusions qui s'imposaient : qu'en était-il de la pensée éducative ? Aurait-elle déserté son camp, abdiqué sa spécificité pour se laisser ainsi parasiter par le champ psychologique et psychanalytique ?

D'autres indices m'incitèrent à penser que le secteur éducatif connaissait une crise importante.

– Le discours éducatif, le plus souvent descriptif, me paraissait manquer d'assise. Les réunions étaient l'occasion de véritables logorrhées et s'étiraient bien au-delà des horaires prévus. Chacun y allait de son opinion, en général critique, sans trop se préoccuper du sujet traité ni de la nécessité d'aboutir à des conclusions. La prise de parole était un droit qui ne s'embarrassait pas de devoir, pas plus qu'elle ne tirait à conséquence.

Je n'arrivais pas à penser qu'un tel discours correspondait à une nécessité éducative particulière. J'y voyais plutôt l'émergence d'une difficulté spécifique à ce secteur d'activité.

– Quant à la pratique éducative, elle me semblait varier, diverger même, selon les personnes. Cet abandon à la subjectivité des uns et des autres ne me satisfaisait pas. Je ressentais qu'il y manquait un recentrage. Cette impression était renforcée par la diversité du travail éducatif. En effet, je me rendis rapidement compte que, loin d'être "spécialisé"[1],

---

1. Educateur spécialisé: travailleur social dont la pratique relève de "l'éducation spéciale" et concerne l'inadaptation sous toutes ses formes.

l'éducateur est plutôt un généraliste qui doit accompagner, soutenir, enfants ou adultes, dans les différents moments de leur vie. Il n'est donc pas étonnant que sa pratique paraisse souvent éclatée entre : internat et temps de journée, loisirs et apprentissages, réunions, travail avec les familles, échanges avec les travailleurs sociaux, etc. Son champ de compétence n'est autre que le quotidien, constitué de mille choses sans importance, mais toutes indispensables.

Je remarquais que par rapport aux instituteurs, aux psychologues ou aux psychiatres, les éducateurs se considéraient comme les hommes du terrain, ceux qui doivent assumer pêle-mêle toutes les difficultés des prises en charges : les crises de violence ou de comitialité, les toilettes, les énurésies, les encoprésies, les repas qui dégénèrent, l'agressivité des parents, l'échec des régressions massives, etc.

Je m'étonnais que l'éducateur ait ainsi de lui-même et de sa fonction une image plutôt dévalorisée. Comparé aux "métiers nobles", il se vivait comme le prolétaire de l'inadaptation. Ce sentiment était d'ailleurs souvent renforcé par l'attitude des familles. Il n'était pas rare, en effet, que naïvement ou malicieusement, l'éducateur se voit ramené au rang de moniteur, non sans ressentir avec un peu d'amertume, le déni de compétence qui se cache derrière cette dénomination.

– Sur le plan social enfin, je constatais que l'image de l'éducateur n'avait rien à voir avec le niveau de responsabilité qui lui incombe. Passons, même si elle traîne encore dans bon nombre de mémoires, sur la caricature post-soixantuitarde du doux rêveur. Arrêtons-nous plutôt sur un étonnant constat de carence : l'absence de véritable représentation éducative aux différents niveaux de la gestion des affaires sociales et médico-sociales.

Ou elle n'existe pas : c'est le cas, par exemple, dans les Conseils Médicaux de la Santé, qui élaborent la carte des équipements départementaux, et proposent donc la création d'IMP, IMPRO, CAT, IRPSY[2], pour lesquels les éducateurs sont parmi les premiers intéressés.

Ou elle est réduite à une simple figuration : c'est ce que l'on peut constater dans la majorité des CDES. Je ne parle même pas des anciennes CRISMS, devenues CROSS, dont l'avis résulte de tractations entre puissances (DDASS, DSD, CRAM) qui passent largement au-dessus des têtes des éducateurs siégeant.

Un mot enfin des éducateurs-chefs, nommés par les DSD, dont la marge de manœuvre est réduite à la portion congrue, coïncés entre les prérogatives du Médecin-Inspecteur-Départemental et du Directeur lui-même qui détient la maîtrise et l'ordonnancement des dépenses.

Ainsi, l'éducateur souffrait-il de son image. Il ne se sentait ni reconnu, ni représenté, ni valorisé par son travail.

Cette souffrance, j'ai essayé de l'accompagner pendant 17 ans de direction d'établissement. Elle s'énonçait sous différentes formes : inquiétude, agressivité, insatisfaction latente, découragement parfois. Je l'ai retrouvée en animant des formations de travailleurs sociaux, à peine voilée sous les questions de prise en charge éducative.

C'est elle qui m'a amené à reprendre et à retravailler ces questions, afin de dégager ce qui constitue leur centre de gravité.

Reste cette interrogation : *comment et pourquoi cette fonction, plus qu'une autre éminente, qui nécessite maturité, sens des responsabilités, initiative, compréhension, n'est-elle souvent devenue qu'une caricature d'elle-même, vidée de son contenu ? Tout se passe comme si l'éducateur, dans l'exercice de sa fonction, rencontrait quelque-chose de si difficile, de si exigeant, qu'il ne pouvait s'empêcher de reculer pour éviter l'obstacle.*

Freud, lui-même, ne rangeait-il pas l'éducation, au côté du soin et du gouvernement des peuples, dans la catégorie

---

2. Voir la liste des abréviations en fin d'ouvrage.

de l'impossible ? Retenons pour l'instant l'hypothèse que ce qui en constitue la spécificité, pourrait être simultanément ce qui en éloigne les praticiens. Faute d'affronter le noyau dur de l'acte éducatif, son cœur même, la pratique se dissoudrait dans les efforts sans nombre et le discours se noierait dans le flou le plus approximatif.

L'objet de ce livre est de chercher et de trouver le fondement de l'acte éducatif, et d'aider le praticien à se l'approprier pour en faire la pierre d'angle de sa pratique.

Par là même, sera résolue la question de l'éthique éducative qui fait couler d'autant plus d'encre qu'elle est toujours abordée à côté, là où la réponse est évidente parceque donnée d'avance. A quoi sert-il de réfléchir à longueur de temps sur le bien de l'autre, si ce n'est pour éviter cette question : pourquoi s'imaginer en savoir quelque-chose ? A quoi sert-il de disserter sur les rapports entre le bien individuel et le bien collectif, si l'on n'intègre pas dans la réflexion ce que Freud a appelé "Malaise dans la civilisation"[3], et que Lacan a repris sous le terme de "désir" ?

Freud, Lacan, nous voilà donc revenus à la psychanalyse ! Pourquoi dans ces conditions critiquer les éducateurs qui font appel à un savoir, même s'il ne peut que les éloigner de leur champ d'intervention ? N'est-il pas paradoxal d'avancer ces deux noms tout en reprochant aux psychiatres, aux psychologues et aux psychanalystes de coloniser le secteur éducatif ?

Il faut être attentif, ici, à une question méthodologique. Le champ éducatif ne peut se fonder de lui-même. Tout comme Archimède disait : "donnez-moi un point d'appui et je soulèverai le monde", *la pratique éducative repose sur un point qui lui est nécessairement extérieur.* Cela n'implique nullement une subordination, mais l'existence d'une référence essentielle, à laquelle viendra répondre, mais dans la plus grande distinction, le possible du champ ainsi ouvert.

---

3. S.Freud, *Malaise dans la Civilisation*, Paris, P.U.F., 1971.

Comprenons bien qu'il ne s'agit d'aller chercher dans la psychanalyse ni un savoir ni des recettes, mais un fondement à une pratique qui devra ensuite s'élaborer. La méthode que nous proposons n'implique aucun assujettissement, bien au contraire. *Elle vise à promouvoir un discours et une pratique spécifiquement éducatifs, susceptibles de dialoguer sur un pied d'égalité avec les autres disciplines.*

Pourquoi la psychanalyse ? Parce qu'elle est la seule qui affronte réellement la question posée par le désir du sujet. On peut reconnaître à Lacan le grand mérite de n'avoir jamais lâché ce point de vue.

Adopter le point de vue du sujet ! Peut-on mieux définir l'exercice d'une fonction éducative qui, loin de se limiter à la gestion sociale du handicap, s'attache par sa parole et sa pratique, à dégager les conditions d'émergence du désir ?

Certes, la théorisation lacanienne a longtemps rebuté en raison de sa formulation difficile. Que le lecteur ne s'inquiète pas, nous n'en avons retenu que l'essentiel. Le "lacanisme" n'a jamais été notre tasse de thé et nous l'abandonnons volontiers aux chapelles qui s'en repaissent. Plus de dix ans après la mort de Lacan, l'enjeu n'est plus de répéter la pensée du Maître, mais de la faire jouer de façon créative, non seulement en psychanalyse, mais aussi en d'autres champs, l'éducatif tout particulièrement, sans confusion toutefois.

Les travaux de J.Lacan présentent, sous un abord structural, les différentes étapes de la construction de la personne. Ils permettent ainsi, un repérage précis des pathologies avec lesquelles un éducateur travaille quotidiennement. Ce sera l'objet de notre première partie.

Dans la deuxième, nous mettrons à jour les limites du champ de compétence de l'éducatif et les fondements de la pratique.

Enfin, nous consacrerons notre troisième partie à interroger le fonctionnement institutionnel.

Dans le cours de notre réflexion, nous avons tenu à nous confronter à la difficile question de l'éthique éducative. Sans anticiper davantage, disons simplement qu'elle ne peut s'élaborer qu'à partir de la question du désir. Une telle éthique serait-elle concevable hors d'un fondement qui mette en jeu le désir de l'éducateur ?

PREMIÈRE PARTIE :

LA CONSTRUCTION DE LA PERSONNE ET LES PATHOLOGIES

Introduction : Dans cette première partie, nous présenterons les étapes qui jalonnent la construction de la personnalité de l'enfant du stade du miroir à la résolution du complexe d'Œdipe. C'est au cours de ce trajet que l'enfant évolue d'une identification imaginaire à une identification symbolique. Ce dernier registre, introduit par le langage, est le lieu où s'énonce la Loi grâce à laquelle l'enfant essaiera d'élaborer son désir.

Presque tous les chapitres seront prolongés par des illustrations cliniques, qui permettront, à l'aide d'exemples tirés, pour la plupart, du quotidien des éducateurs, de saisir l'intérêt des exposés théoriques et l'éclairage qu'ils apportent à la compréhension des pathologies.

1) LE STADE DU MIROIR

C'est le 3 Août 1936 que Lacan présente au congrès psychanalytique international une communication intitulée : "The looking glass phase"[1]. Puis, de là, il se rend à Berlin pour assister aux 11° jeux olympiques. Que va-t-il y chercher ? Sans doute l'illustration de ce dont il vient de faire la démonstration : c'est dans l'image du corps de l'autre, dans sa puissance de captation qu'il faut chercher les racines de l'agressivité et du racisme. Le Reich attire sur lui, par l'intermédiaire des corps athlétiques qui s'exposent dans le stade, le regard fasciné de milliers de spectateurs. Tel est ce que Freud appelle "le choix d'objet narcissique"[2], et qui constitue le fond même du stade du miroir.

En 1934, H. Wallon publie : "Les origines du caractère chez l'enfant"[3]. Il y remarque que l'enfant manifeste sa surprise chaque fois que, placé devant un miroir, son regard rencontre son image. Selon Wallon, l'enfant, dès le 9° mois, se reconnaît dans cette image qui lui permet d'accéder à une représentation de lui-même distincte de ses sensations internes liées à sa motricité. Ce serait donc par un mouvement projectif, allant de l'intérieur vers l'extérieur, que l'enfant acquerrait une première identité.

---

1. Le stade du miroir.
2. S. Freud, "Pour introduire le narcissisme", *in La vie sexuelle*, Paris, P.U.F., 1977, pp. 81 - 105.
3. H. Wallon, *Les origines du caractère chez l'enfant*, Paris, Boivin et Cie, 1934.

Or, il n'en va pas ainsi pour Lacan qui subvertit cette conception du stade du miroir. Certes il s'agit toujours d'une identification, et "au sens plein" précise-t-il, mais qui loin de se réduire à l'extériorisation de l'interne sur l'image, va au contraire souligner le mouvement inverse : "à savoir : la transformation produite chez le sujet quand il assume son image"[4]. Idée éminemment originale et subversive, puisque désormais c'est l'extérieur qui viendra constituer l'intérieur !

Lacan se plaît à souligner par des termes choisis, la puissance de cette image, en rappelant l'usage du terme antique d'imago, puissance qui se déploie d'abord en un pouvoir de captation sur l'enfant pour ensuite susciter cette maturation du moi par laquelle il se dégage de ses sensations immédiates et désordonnées. "Le stade du miroir comme formateur de la fonction du Je"[5], tel est le titre par lequel Lacan a voulu souligner l'effet de construction produit par cette image, plus constituante que constituée.

L'enfant nouveau-né, insuffisant à assumer sa survie, sa motricité, aux prises avec des sensations de morcellement, va pour la première fois, par le biais de cette image, s'anticiper comme une totalité. Une unité remplace maintenant le morcellement, ébauche du moi-idéal qui servira à sa future intégration.

Mais l'éclosion de ce modèle, couronné par le moment de l'assomption jubilatoire a aussi son revers. En tant qu'il s'oppose à l'incoordination motrice et à ses turbulences, il se caractérise par une certaine fixité. A l'image morcelée du corps, succède une forme, que Lacan va préciser : "orthopédique de sa totalité"[6]. La comparant à une armure, il renforce l'impression de rigidité qui, inscrite dans la matrice, marquera de son sceau toutes les identifications ultérieures.

A cette rigidité s'ajoute une autre conséquence, repérable dans l'aliénation présupposée par le stade du miroir. La reconnaissance de soi nécessite le détour par l'autre de l'image, plus encore, émerge de ce détour. "Je est un autre"

---

4. J. Lacan, Le stade du miroir, Ecrits, Paris, Seuil, 1966, p. 94.
5. *Ibid*, p. 93.
6. *Ibid*, p. 97.

dit le poète. Le langage infantile lui-même reflète cette aliénation. Durant toute cette phase, on peut repérer, chez l'enfant, des confusions fréquentes entre soi et les autres, effet de ce que Lacan appelle un transitivisme normal : l'enfant qui bat dit avoir été battu, celui qui voit tomber pleure. De même c'est dans une identification à l'autre que l'enfant vit toute la gamme des réactions de prestance et de parade dont ses conduites révèlent avec évidence l'ambivalence structurale : esclave identifié au despote, séduit au séducteur.

De cette aliénation découle une certaine méconnaissance de soi. Déjà, l'image dans le miroir apparaît-elle inversée. Si je lève la main droite, l'image, elle, lève la main gauche et réciproquement. La correction de cette inversion nécessite soit de passer de l'autre côté du miroir en opérant un retournement sur soi-même, soit une opération intellectuelle qui n'est pas toujours évidente.

Mais il y a plus. Comme le dit fort bien G. Le Gaufey : "ce n'est plus la perception directe de l'objet (essentiellement par le regard) qui sert de modèle pour les rapports du sujet au monde, mais la médiation par le reflet, l'écho du miroir qui s'installe entre moi et la réalité, l'écran infranchissable par lequel la réalité se répercutant, devient, non plus seulement objet de perception, mais aussi et surtout objet de connaissance"[7]. Et nous ajouterons de connaissance paranoïaque. Comment se caractérise-t-elle ? Par la projection sur la réalité des propriétés du moi, mais avec cette particularité que si le sujet connaît son monde, il ne s'y reconnaît pas et en particulier chaque fois qu'apparaît le désordre, la discorde, le mal sous toutes ses formes. "Ce n'est pas moi, c'est l'autre !" tel est l'énoncé paranoïaque par lequel la belle âme se méconnaît dans l'enjeu.

Enfin, dernière conséquence de ce stade du miroir : le caractère extraordinairement instable du dispositif. Si l'autre est moi-même, il n'en reste pas moins qu'il est autre. Et

---

7. Guy Le Gaufey, *Les unités imaginaires,* 1, p. 77, séminaire inédit.

nous pressentons déjà comment amour et agressivité vont s'entremêler, "hainamoration" écrivait Lacan en 1973[8].

Cet autre que j'aime, je lui tends les mains pour l'étreindre, pour l'embrasser peut-être. Mais à trop m'approcher, je me sens envahi, étouffé, absorbé. Seule, l'agressivité, en me dégageant, me permet de retrouver une distance viable. Mais à trop m'éloigner, l'autre devient l'étranger, celui que j'exclus, voire que je persécute, (nous retrouvons là, la racine du racisme). A moins que, désirant qu'il m'aime, je m'en rapproche à nouveau. Et le balancier repart dans l'autre sens.

Cette oscillation pendulaire est une caractéristique du stade du miroir. Le moi est ainsi le lieu où toute la gamme des conflits passionnels vient se refléter.

Retenons que le stade du miroir est ce temps d'élaboration du moi, forme primordiale de toute identification imaginaire.

Toute perturbation dans le déroulement de ce stade, à fortiori sa carence, entraîne des troubles graves dans la construction de la personnalité. Lorsque c'est le cas, le sujet reste aux prises avec un corps morcelé auquel le stade du miroir a pour fonction de mettre un terme. "Il (ce corps morcelé décrit à merveille par Lacan) apparaît sous la forme de membres disjoints et de ces organes figurés en exoscopie, qui s'ailent et s'arment pour des persécutions intestines, qu'à jamais a fixées par la peinture le visionnaire Jérome Bosch au siècle quinzième au zénith imaginaire de l'homme moderne"[9]. Nous ne serons donc pas étonnés de rencontrer les figures de la psychose dans le paragraphe suivant.

Illustrations cliniques :

Nous ne pouvons trouver meilleure introduction à ces quelques notes sur le stade du miroir que cette histoire racontée par A. Abécassis[10]. Deux ramoneurs tombent dans

---

8. J. Lacan, Séminaire 20, Encore, Seuil, 1975, p. 84.
9. J. Lacan, *Ecrits*, Seuil, 1966, p. 97
10. Aux journées de l'association Trait, Bordeaux, 1987.

une cheminée. L'un a la chance de descendre juste au milieu et ressort sans trace de suie. L'autre, faisant les extérieurs, racle les conduits et arrive en bas, noir comme du charbon. Lequel va se laver ? C'est bien entendu celui qui ressort tout blanc ! Le stade du miroir est ici illustré de façon exemplaire, et l'on peut mesurer à quel point le renversement opéré par Lacan est justifié. Le stade du miroir n'est pas un processus projectif, mais une identification produite par la puissance créatrice de l'image.

Toute carence dans ce processus identificatoire nous amène à regarder du côté de la psychose.

La prise en charge de psychotiques, surtout si ceux-ci n'ont pas versé dans la débilité, représente une tâche éprouvante pour l'éducateur. Il y est souvent mis à mal, confronté à ses limites, envahi par un sentiment d'impuissance. Ses efforts, couronnés de succès un jour, sont réduits à néant le lendemain sans que parfois le moindre indice n'autorise une explication. L'oscillation spécifique au stade du miroir permet de mieux comprendre l'instabilité propre à la psychose. Par le jeu du miroir le psychotique passe sans transition de l'attachement amoureux, véritable collage dont l'éducateur a souvent du mal à se désengluer, à l'agressivité, voire à la violence. Les passages à l'acte subits, inattendus, inexplicables ne sont pas rares. Ils laissent le sujet terrassé, pantois, déconcerté. Comment pourrait-il se reconnaître dans cette violence, lui d'ordinaire si calme ?

Le psychotique doit déployer des efforts considérables pour faire tenir une image que rien ne vient stabiliser. L'éducateur peut ainsi comprendre ce qui l'oblige à s'entourer de stéréotypies : balancements, tournoiements, gestes de conjuration, afin de prévenir toute variation possible consécutive à l'irruption intrusive de l'extérieur ou de l'intérieur.

De même, il lui faut sans cesse vérifier la fixité du cadre qui lui offre, tant qu'il tient, un succédané d'organisation. Le retour régulier des mêmes personnes, des mêmes gestes, des mêmes choses aux mêmes places le rassure. Ces repères s'inscrivent parfois dans une temporalité et une géographie qui peuvent nous surprendre.

Hervé, jeune garçon de 13 ans, habitait un quartier de la banlieue rochelaise qui avait vu quelques années plus tôt s'installer un centre Leclerc. Il y circulait à l'aise, ayant repéré les lieux, les boutiques, les commerçants. Un été, il fut décidé, en accord avec la famille, qu'Hervé passerait un mois à Grenoble en colonie de vacances. Une éducatrice l'accompagnerait pour ce voyage délicat, long, et qui n'était pas sans l'inquiéter. Après plus de dix heures de trajet, deux changements, Hervé, mal à l'aise, tendu, aperçut les premiers immeubles de la banlieue grenobloise. Soudain l'éducatrice perçut un changement, l'inquiétude venait de tomber d'un coup. Le train défilait devant le centre Leclerc. "Tiens, on est à La Rochelle" murmura Hervé songeur, mais rassuré.

A ce que n'offre pas l'image : la stabilité, un cadre extérieur peut partiellement et pour un temps, pourvoir. On comprend ainsi que des institutions solidement établies, rigoureusement ordonnées, constituent des refuges particulièrement appropriés. De ce point de vue, l'armée, les communautés religieuses offrent au psychotique le cadre idéal qui lui fait défaut[11]. La réitération des ordres, le retour incessant des mêmes temps qui scandent la journée, garantissent le cadre et donc la position de l'image et le rapport aux autres.

Un autre trait fréquemment repéré par les éducateurs, et qui par son étrangeté ne manque pas d'étonner, c'est la propension du psychotique à collectionner de petits objets hétéroclites, usagés, inutiles, souvent cassés, à entasser des sous-vêtements sales dont l'odeur soulève inévitablement des problèmes de cohabitation. Ici encore, le stade du miroir nous offre des éclaircissements suggestifs, à condition toutefois d'en suivre jusqu'au bout une des conséquences que

---

11. Ceux qui ont connu de près ces deux types d'institutions ne seront pas étonnés par cette assertion. La Sécurité Sociale n'a certainement aucune idée des économies qu'elle réalise ainsi !

nous n'avons pu jusqu'alors qu'ébaucher. En effet, si le miroir permet au sujet non encore advenu, par la vertu de l'image, de construire son moi, matrice des futures identifications, une question reste en plan : quel est le sort de ce qui ne passe pas dans le miroir ? Si d'un côté il y a l'image, de l'autre, lui faisant face, se trouve le petit homme dont le statut reste bien obscur. Corps morcelé est-on accoutumé de l'appeler, mais c'est bien vague. Entre cette image policée, bien équarrie et ce corps morcelé, il y a de la chute. Le stade du miroir joue comme un lit de Procuste, référence à cet aubergiste de l'antiquité grecque, qui offrait à son hôte un lit trop petit et la nuit venue, se glissait dans la chambre pour couper tout ce qui dépassait. Il en va de même avec le stade du miroir. Tout ce qui n'entre pas dans le cadre, tombe. Qu'est-ce qui tombe ? Précisément ces petites choses, morceaux de corps, vestiges d'avant, et qui pour le psychotique restent étrangement contemporaines. Par ses entassements hétéroclites, il récupère un corps insuffisamment perdu.

On ne s'étonnera pas, dès lors, des caractéristiques de ces objets : l'inutilité, l'obsolescence, morceaux brisés, épars, à l'odeur douteuse, ce sont des objets de rebus qui n'entrent dans notre réalité qu'au titre d'une contrebande. On ne saurait surestimer leur importance pour le psychotique qui ne peut y renoncer. Grâce à eux, il reconstitue un succédané de la complétude imaginaire, qui lui permettra de se maintenir malgré les oscillations d'une image incertaine.

Enfin pour illustrer ce qu'on appelle, à la suite de Lacan la "connaissance paranoïaque", je prendrai un exemple tiré de la clinique[12]. Un jeune adulte de 23 ans vint me consulter, adressé par les gendarmes. C'est peu fréquent, et pas banal. Il venait d'être interpellé pour avoir suivi d'un peu trop près et contre son gré une jeune fille qui s'en était plainte. A la gendarmerie il avait expliqué sa passion pour la dite jeune

---

12. Les fragments de cure cités ont été modifiés et recomposés pour des raisons évidentes.

fille et s'était épanché sur l'épaule du brigadier. Ce dernier, bon bougre, avait classé l'affaire sous réserve qu'il accepte de venir me voir.

Il m'expliqua alors qu'il connaissait cette jeune-fille depuis longtemps puisqu'ils avaient fait leur terminale ensemble. Mais à l'époque, il n'avait pu lui déclarer sa flamme, ayant le visage couvert de boutons et de plaques rouges. Les années passèrent, il l'avait oubliée depuis longtemps, lorsqu'un jour, revenant de P..., il la vit dans le train assise en face de lui. Plusieurs fois leurs regards se croisèrent, et ce fut le coup de foudre, soudain, total, une explosion de sentiments, d'émois encore insoupçonnés. C'était tellement fort que les mots s'arrêtèrent dans sa gorge. Il ne put rien lui dire. A cette minute, une certitude s'imposa à lui. Elle ne pouvait qu'être amoureuse en retour ! Comme il me vit soulever légèrement un sourcil interrogateur, il ajouta : "la preuve, c'est qu'elle non plus n'a rien dit" !

Toute contradiction, toute réserve eût été parfaitement vaine. Il prit même la peine de m'expliquer que la plainte déposée à la gendarmerie n'était qu'une mise à l'épreuve dont il entendait bien sortir non seulement vainqueur, mais encore glorifié. Telle est l'essence de la "connaissance paranoïaque" : la projection sur autrui de ses propres pensées, de ses sentiments, de ses intentions.

Il est aussi une autre forme de savoir auquel nous ont habitué les psychotiques en institution. On ne peut se réunir pour parler d'eux, même de façon tout à fait impromptue, sans les retrouver qui attendent derrière la porte. Se produit-il un incident grave dans la famille, (un décès, un accident) ils en sont attristés avant même que l'éducateur n'en soit lui-même informé. Auraient-ils des antennes ? D'une certaine façon ce n'est pas impossible. On est bien obligé de constater l'existence d'un mode de connaissance infra-langagier que, sans plus entrer dans le détail ni dans les hypothèses, nous rapporterons à la présence de ces objets insuffisamment perdus, et à leur circulation entre l'enfant et ses parents ou ses éducateurs.

Nous nous sommes ici contentés de souligner, en nous appuyant sur le stade du miroir, un certain nombre de traits spécifiques à la psychose, fréquemment rencontrés par les éducateurs. Nous serons amenés à revenir ultérieurement sur cette pathologie complexe[13].

2) L'INTRODUCTION DU SYMBOLIQUE

Qu'est-ce qui viendra stabiliser le dispositif engendré par le stade du miroir ? Telle est la question sur laquelle nous étions restés.

Pour tenter d'y répondre, nous ferons, avec Lacan, la constatation la plus banale qui soit : lorsque l'enfant, placé devant le miroir, jubile de l'image qu'il y voit, un moment vient toujours où, se retournant vers celui ou celle qui le porte, il quête son regard. Que cherche-t-il ? Une approbation, une confirmation, un témoignage ? Tout cela sans doute, mais secondairement. Récapitulons les personnages qui constituent le tableau. Il y a d'un côté l'image spéculaire, soit le moi-idéal[14] et, lui faisant face, quelque-chose dont le statut reste obscur, et que Freud appelle "das echte Ich" et Lacan le "moi authentique". Enfin, du même côté du miroir, celui qui porte l'enfant, en position de grand Autre[15], dont nous verrons qu'il supporte la dimension symbolique.

La situation, nous la connaissons. Entre l'enfant et son image spéculaire, c'est l'amour et la guerre, le jeu destructeur des frères ennemis qui serait sans fin si l'enfant, ne se retournant, n'attrapait le regard de l'Autre. Que se passe-t-il à ce moment précis ? L'enfant rencontre, avec le regard, l'assentiment de l'Autre, c'est-à-dire : "le choix d'amour sur lequel le sujet justement peut opérer son réglage dans la suite du jeu du miroir...Ce regard de l'Autre, nous devons le

---

[13]. *Cf* le chapitre: Le Père: une métaphore ! Illustrations cliniques, p. 52.
[14]. Le moi-idéal: l'image que l'enfant voit de lui-même dans le miroir.
[15]. Notons que ce grand Autre, la mère, selon l'appellation de Lacan, n'entre pas dans le miroir.

concevoir comme s'intériorisant par un signe, ça suffit, ein einziger Zug[16]. Il n'y a pas besoin de tout un champ d'organisation, d'une introjection massive"[17]. Un seul trait et c'est assez pour instaurer le point I, point à partir duquel l'enfant peut se voir aimable. Ce point est là, "il suffit que le sujet aille y coïncider dans son rapport à l'Autre, pour que ce petit signe, cet einziger Zug soit à sa disposition"[18]. Nous ajouterons : à sa disposition pour stabiliser le dispositif spéculaire, et ainsi mettre fin à cette oscillation mortifère dans laquelle il risquait à chaque instant de s'anéantir.

Dès lors, l'enfant peut s'aliéner au miroir sans pour autant courir le risque de s'y engloutir, parce qu'il dispose d'un point d'accrochage symbolique, I, Idéal du Moi[19], situé hors miroir. Se portant au niveau de ce regard tiers, l'enfant ne restera pas seulement identifié à l'image spéculaire. Accédant à une identification symbolique, hors miroir, à un einziger Zug, il pourra se voir comme voyant et procéder ainsi au réglage de son identification imaginaire[20].

Illustrations cliniques :

Les pathologies consécutives à une déficience de l'Idéal du Moi sont fréquentes, mais souvent difficiles à repérer. Elles entraînent des états dépressifs, des effondrements brusques du Moi Idéal, l'image ne tient plus. Un sentiment d'abandon, de solitude envahit le sujet qui se sent devenir inconsistant, dévalorisé.

Sans entrer dans le détail, contentons nous ici de préciser ce qui relève de l'un, I, et de l'autre, l'image. La distinction est parfois difficile à faire. L'exemple de la moustache

---

16. D'abord nommé trait unique, puis trait unaire, leur ensemble constitue I l'idéal du Moi.
17. J.Lacan, Séminaire 8, *Le transfert,* Paris, Seuil, 1991, p. 414.
18. *Ibid*, p. 414.
19. Notons que l'Idéal du Moi est d'ordre symbolique, tandis que le moi idéal ressortit du registre imaginaire.
20. Sur cette question et pour plus de détails, nous renvoyons à l'article de G. Le Gaufey, "Etre le premier venu", Littoral, 29, 1989, pp. 101-109.

du fuhrer, utilisé par Freud[21] a souvent été tiré du côté de l'Idéal du Moi. Est-ce avec raison ? On ne voit pas pourquoi ce trait distinctif de l'image, redupliqué à des centaines de milliers d'exemplaires, relèverait de I qui, par définition, n'appartient pas à l'image. Cette moustache serait-elle à prendre comme un signe de ralliement au sens du panache blanc d'Henri IV, qu'elle n'aurait pas encore acquis le statut d'Idéal. Pour cela, il faudrait quelle devienne le point particulier, unique, à partir duquel chacun peut voir le "nazisme en marche". On accordera alors qu'une telle moustache n'aurait plus qu'un rapport lointain avec les quelques poils en brosse que le fuhrer se laissait pousser sous le nez !

Pour bien établir la différence entre l'un et l'autre reportons nous à l'exemple proposé par Lacan[22]. Imaginons un fils à papa au volant de sa petite MG. Il ne peut mieux coller à son image qu'en draguant les minettes puisque tel est, comme chacun le sait, l'utilité principale de la MG. Plus les conquêtes s'accumulent et plus l'image se gonfle à l'instar de la grenouille de la fable. Mais observons que tout ceci ne tient qu'à la condition d'être accroché à un point fixe, précis, unique, situé hors image : le point "fils à papa", en l'absence duquel l'image s'effondre comme une baudruche.

J'eus déjà l'intuition de cette distinction lorsqu' adolescent, je dus, en raison d'un concours de circonstances, faire ma seconde dans ce qui s'appelle "une boîte". La classe était composée pour l'essentiel de rejetons d'illustres familles, nobles pour la plupart et tenant à leur particule. Les professeurs, tous roturiers, n'étaient pas sans en ressentir quelque amertume. Plus tard seulement, je compris que c'était loin d'être un hasard si tous avaient choisi l'appel pour s'accorder une revanche sur la noblesse. Revanche facile puisqu'il leur suffisait d'éluder le nom propre de sa particule. Sans particule, plus d'image, ni d'appartenance qui tiennent. Aussi à chaque nom ainsi

---

21. S.Freud, *Psychologie collective et analyse du moi*, PBP, 1970, pp. 83-175
22. J.Lacan, Séminaire 9, *l'Identification*, inédit, 1962.

dépouillé, s'élevait d'une seule voix la clameur protestataire qui rétablissait l'intéressé dans son idéal.

Naturellement, dans ce milieu on sait faire la différence entre les torchons et les serviettes. A l'appel de mon nom, la clameur emportée par son élan commençait sur un "d..." qui se transformait en un "du" soulignant ainsi que chacun devait rester à sa place, et qu'il n'était pas question ni de confondre ni de mélanger les idéaux.

3) UN ŒDIPE SANS COMPLEXE !

Par son identification à un trait de l'Idéal du Moi, le sujet a acquis un point d'ancrage dans le symbolique. Mais ce I présuppose l'Autre du langage, soit pour reprendre le petit tableau mis en scène par Lacan, la mère qui porte l'enfant (ou toute autre personne jouant ce rôle).

A ce premier stade de l'Œdipe, l'enfant se sent encore dépendre de sa mère pour ses besoins biologiques et affectifs. Il réclame, souvent exige, sa présence constante et les démonstrations de tendresse qui l'accompagnent. "Ce que l'enfant cherche c'est à se faire désir de désir, pouvoir satisfaire au désir de sa mère, c'est-à-dire -to be or not to be- l'objet du désir de la mère,"[23] soit, ce qui lui manque et que Lacan appelle le phallus[24].

Cette situation a, bien sûr, son corollaire. L'enfant pense alors que sa mère dépend de lui. S'il se cache, c'est pour vérifier qu'elle le cherche. Il la voit s'agiter, tantôt rieuse, tantôt anxieuse, jusqu'à ce que le jeu se termine par des effusions. Freud aussi avait remarqué les exigences quasi tyranniques que sa "majesté le bébé"[25] exerce sur sa mère. Il est fréquent, et fort heureusement, que cette situation en

---

23. J. Lacan, *Séminaire 5, Les formations de l'inconscient*, inédit, leçon du 22 janvier 1958.
24. Terme technique employé par Lacan pour désigner le manque ou ce qui vient à la place du manque.
25. S. Freud, *Pour introduire le narcissisme, La vie sexuelle*, Paris, P.U.F., 1977, p. 96.

vienne à susciter l'irritation du père qui se sent laissé pour compte. Aussitôt l'enfant perçoit qu'il se passe quelquechose. Désormais la mère s'absente. Elle n'est plus toute à lui. Le doute s'introduit. Etre le phallus ? Il n'en est plus si sûr. Devant cette alternance de présences et d'absences, comment ne pas s'interroger ? "Qu'est-ce qu'elle me veut celle-là ? Je voudrais bien que ce soit moi qu'elle veuille, mais il est clair qu'il n'y a pas que moi qu'elle veut, il y a autre chose qui la travaille"[26]. Cette "autre chose qui la travaille", aussi mystérieuse qu'elle soit au début, prend vite la forme du père dont l'alternance de présences et d'absences, règle la succession des allées et venues de sa mère. L'enfant comprend alors qu'il lui faut affronter un rival redoutable et somme toute, avec des armes bien légères.

Deux éléments sont nécessaires pour que l'enfant traverse le deuxième temps de l'Œdipe.

Il faut que le père affirme sa position et les prérogatives dues à son rang, sans excès mais sans scrupule. Dans cette pièce à trois personnages, il n'a pas à reculer devant la fonction qui lui est impartie : celle de l'ayant droit. Comme tel "il arrive en position de gêneur et pas simplement encombrant par son volume mais en position de gêneur parce qu'il interdit...il interdit au petit enfant de faire usage de son pénis au moment où ledit pénis commence à manifester ce que nous appellerons des vélléités."[27]

Par ailleurs, il est tout aussi nécessaire que le désir de la mère s'inscrive dans la dépendance du désir du père. Il ne suffit pas, en effet, que ce dernier se présente comme l'interdicteur, figure terrible et menaçante. Encore faut-il qu'il sache se faire préférer de la mère, de sorte qu'elle consente à dépendre de lui pour son désir.

On saisit ici toute l'importance de la position maternelle dans le complexe d'Œdipe. En elle, réside le point tournant

---

26. J. Lacan, Séminaire 5, *Les formations de l'inconscient*, inédit, leçon du 15 janvier 1958.
27. J. Lacan, *op. cit*, leçon du 15 janvier 1958.

qui permettra ou non que cette délicate traversée aboutisse à une heureuse issue. En elle, et plus précisément, en ce point précis de son discours où elle ménagera ou non, correctement ou non, la place dévolue à la parole du père, c'est-à-dire à sa fonction.

Va-t-elle la mépriser, la tourner en dérision ? Et l'enfant ne pourra trouver sa respiration du côté de l'Autre de la Loi. Figé dans son identification phallique, il étouffera entre les confidences de sa mère et les délices vaines et amères du boudoir. Ainsi s'organise la perversion.

Va-t-elle contester le père, ses prérogatives, rivaliser sans fin avec lui, elle entraînera sa fille sur la voie du "pénis-neid"[28], qui ne lui laissera guère d'autre possibilité identificatoire que de "faire l'homme"[29]. Telle est l'hystérie.

Va-t-elle enfin, plus subtilement peut-être, souscrire aux initiatives du père, mais en prenant soin de faire savoir à son fils qu'aucune ne lui donne pleinement satisfaction et que si lui voulait bien y ajouter son petit complément...Et le voilà objet de suppléance, ployant sous la culpabilité vis-à-vis du père, engagé à vie dans des stratégies de rivalité et de compétition. Ainsi se développe la vie de l'obsessionnel.

Pour désigner l'entrée en lice du père qui constitue le point fort de ce deuxième temps de l'Œdipe, on est accoutumé d'utiliser le terme de "triangulation". Est-il bien adapté ? S'il indique que l'on sort d'une relation duelle pour entrer dans une relation à trois, l'apport est somme toute fort modeste. S'il veut dire qu'on était bien à deux et qu'il va maintenant falloir s'entendre à trois, il est franchement fallacieux. En effet, il reste d'une part à prouver, qu'hormis les cas de psychose, on a jamais été réellement deux, la mère et l'enfant, ce qui rend par là-même aléatoire la question de savoir si l'on aurait pu y être bien, d'autre part, et surtout, la

---

28. Le "pénis-neid", revendication du pénis, est un des destins féminins, fréquent dans l'hystérie.

29. Selon l'expression de J. Lacan.

question qui s'élabore dans l'Œdipe n'est pas de s'entendre à trois ! Le terme de "triangulation" risque d'occulter ce qu'il y a de drame dans la traversée de l'Œdipe, et gomme l'intensité du travail psychique de renoncement, la souffrance qui y est attachée et qui entraînera le refoulement des motions pulsionnelles. Soulignons que le père n'a rien à négocier, il interdit, il prive, il frustre. Nous ne sommes pas dans le cadre d'une réunion paritaire où jouerait l'égalité des droits. Le droit est du côté du père. Il est "l'ayant droit", et de ce fait supporte la fonction qui est la sienne : représenter la Loi et la faire valoir. Il prive la mère de l'enfant, il frustre l'enfant de sa mère. Il est le garant du manque.

[Remarques : [30]
Lacan nous a appris à distinguer trois sortes de manques :
la privation : manque réel d'un objet symbolique par un agent imaginaire,
la frustration : manque imaginaire d'un objet réel par un agent symbolique,
la castration : manque symbolique d'un objet imaginaire par un agent réel.
Ceci peut sembler abstrait, voire arbitraire pour qui n'est pas habitué à manier ces catégories. Résumons cela dans un tableau[31], avant de nous en expliquer plus concrètement.

---

30. Il s'agit de remarques facultatives. Le lecteur soucieux de lire d'une traite les trois temps de l'Œdipe, peut poursuivre en se reportant directement p. 37.
31. Ce tableau est donné par J. Lacan dans son séminaire : La relation d'objet, inédit, 1956, leçon des 5, 12 et 22 décembre.

	MANQUE	OBJET	AGENT
Privation	R	S	I
Frustration	I	R	S
Castration	S	I	R

Qu'est-ce qu'un manque réel ? Un manque dans le réel serait déjà plus facile à concevoir, mais en contradiction avec la notion de réel qui est en lui-même plein et ne peut manquer de rien. Si le réel est l'ensemble de ce qui nous entoure, abstraction faite du sens qu'on lui attribue via le langage, on voit mal comment il peut manquer. Une seule réponse possible : la privation implique le symbolique, c'est-à-dire la possibilité de repérage et de comptage. Elle en est donc l'effet.

Prenons un exemple simple : une pièce manque dans une collection. Du numéro 21 nous passons au numéro 23. Il s'agit bien du manque réel du numéro 22 à sa place. Pourtant la pièce n'a pas pour autant disparu. Elle peut être prêtée, perdue, volée, bref être simplement ailleurs. On voit par là même que la pièce ne manque pas tant dans sa matérialité, qu'à sa place réservée et numérotée dans la série. Voilà pourquoi l'objet du manque réel est dit symbolique.

Revenons à notre Œdipe. L'agent privateur est le père imaginaire, investi de puissance et redouté. Le manque s'inscrit du côté de la mère, réellement privée de l'enfant. Mais quel est cet enfant qui apparaît ici sous les traits d'un objet symbolique ? Rien d'autre que le phallus, c'est-à-dire l'enfant en tant qu'il est identifié à l'objet de son désir. Certes, la mère va bien continuer à s'occuper de sa progéniture, à la materner, à l'aimer, mais en sachant que celle-ci ne peut se confondre avec l'objet de son désir, qu'elle doit chercher et trouver ailleurs.

Qu'en est-il de la frustration, c'est-à-dire de ce manque imaginaire d'un objet réel par un agent symbolique ? "C'est le père ici, en tant que symbolique, qui intervient dans une frustration" au titre de "l'ayant droit et pas comme personnage réel, à savoir que même s'il n'est pas là, s'il appelle la mère au téléphone par exemple, le résultat est le même"[32]. L'objet de cette frustration est bien réel, c'est la mère en tant que l'enfant en ressent le besoin. Bien évidemment l'enfant ne manque réellement de rien. Néanmoins la mère n'est plus toute à lui. Et c'est bien en raison des interventions de l'Autre, qui rend l'alternance des moments de présence et d'absence de plus en plus incompréhensible, que s'introduit la frustration.

Nous serons amenés à reprendre ce thème plus en détail ultérieurement. Toutefois, pour clarifier la différence entre ces deux manques, demandons-nous par exemple si la femme est privée ou frustrée du pénis ? Dire qu'elle en est privée, impliquerait qu'elle en manque réellement. La femme étant présumée complète, l'objet de la privation ne peut être que symbolique. Peut-on dire qu'elle en est frustrée ? Eventuellement, pour autant qu'elle constate que dans le miroir (manque imaginaire) d'autres sont affublés de cet objet réel qui, par comparaison, lui fait défaut. C'est la complétude imaginaire aperçue qui lui révèle son manque. On mesure l'impasse de cette position (nommé par Freud pénis-neid) qui ne peut l'amener qu'à méconnaître son sexe.

Pour sortir de cette voie sans issue, ce manque doit parvenir à s'inscrire dans le symbolique, et concerner un objet imaginaire, le phallus, dont pas plus l'homme que la femme ne peut se prévaloir. Telle est la castration qui constitue l'aboutissement du complexe d'Œdipe et donne accès au jeu des identifications.]

A l'issue du deuxième temps de l'Œdipe, non seulement l'enfant a dû renoncer à être le phallus, mais encore lui faut-il reconnaître qu'il ne l'a pas. Par contre, constatant que sa mère le désire et sait où le trouver, l'espoir renaît ! A défaut

---

32. J. Lacan, Séminaire 5, *Les formations de l'inconscient*, inédit, 1958, leçon du 22 janvier.

de l'être peut-être devient-il possible de l'avoir ? Sans doute, mais à une condition toutefois, et c'est là toute la portée du complexe de castration : "pour l'avoir il faut d'abord qu'ait été posé qu'on peut ne pas l'avoir, que cette position d'être castré est essentielle dans l'assomption du fait d'avoir le phallus."[33]

Le troisième temps de l'Œdipe va donner à la problématique de l'avoir sa véritable portée et aboutir aux identifications résolutives.

Comparées au scénario de départ, les positions ont maintenant considérablement changé. L'enfant a été déchu de son identification phallique. Non seulement il n'est pas le phallus, mais il lui a même fallu apprendre, comble de la déception, que pas davantage il ne l'a.

La mère privée du phallus sait quel est l'objet de son désir et où le trouver, auprès du père.

La découverte que la mère ne l'a pas, suscite l'angoisse de castration, soit :
- côté garçon une menace pesant sur l'avenir,
- côté fille la nostalgie d'un passé révolu.

La Loi du père, établissant le manque radical pour l'un comme pour l'autre, ouvre par là-même un avenir à chacun des deux sexes, l'un sur le versant de l'avoir, l'autre sur celui de ne l'avoir pas.

Le petit garçon lors de son entrée dans l'Œdipe croit l'avoir. C'est loin d'être un avantage. Il y tient, s'inquiète à son sujet. Va-t-il grandir, faire le poids ? Il mettra du temps avant de rendre les armes. Il devra accepter que pour l'avoir un jour, il lui faut commencer par ne l'avoir pas ! Comment va-t-il résoudre ce problème ? En s'identifiant au père, non plus comme à un rival redouté, mais comme à celui qui, ayant le phallus, est susceptible de le lui donner sous forme de promesse ouvrant à un avenir. Si dès à présent il est au

---

33. J. Lacan, Séminaire 5, *Les formations de l'inconscient*, inédit, 1958, leçon du 22 janvier.

bénéfice d'une identification sexuée, il reste cependant dans le temps du pas encore.

La petite fille, elle, a fait ses premiers pas dans l'Œdipe en constatant qu'elle ne l'avait pas. Elle a tout compris en un clin d'œil "elle a vu cela, sait qu'elle ne l'a pas et veut l'avoir"[34]. Comment ? En s'identifiant à sa mère, qui elle, le désire et sait où le trouver.

A l'issue de cette troisième étape, l'identification sexuée est en place. Le complexe d'Œdipe peut décliner, et l'enfant entre dans ce que l'on est convenu d'appeler la période de latence.

Illustrations cliniques :
D'un point de vue clinique, la perversion et la névrose sont sur le même versant par rapport à la psychose. Dans les deux cas, la fonction paternelle y est présente, même si c'est de façon plus ou moins problématique.

En ce qui concerne la perversion, il s'agit pour l'enfant d'être et de rester le phallus, soit ce qui manque à sa mère. Elle se caractérise donc par une fixation au premier temps de l'Œdipe.

Le fétichisme permet de bien saisir la mise en place de cette pathologie. Essayons brièvement d'en rendre compte : pour le petit garçon, il existe bien deux genres, masculin et féminin, mais un seul sexe. Tout homme (et femme) est pourvu d'un pénis semblable au sien. Fort de cette certitude, il avance dans sa vie de petit bonhomme jusqu'au jour où, soit fortuitement, soit par un jeu malicieux de l'adulte, il découvre le sexe féminin et voit ce qui, à ses yeux, est irreprésentable : l'absence de pénis là, où pour lui, il devrait être. Devant cette image insupportable, tout son monde vacille. Il va donc s'accrocher à l'image immédiatement

---

34. S. Freud, Quelques conséquences psychologiques de la différences anatomiques des sexes, *La vie sexuelle*, 1977, p. 127.

précédente et la plaquer - écran fétiche - sur ce ventre châtré. Imaginons un tournage cinématographique. Le fétichiste revient en arrière et effectue un arrêt sur l'image qui a précédé la vision traumatisante. On comprend bien pourquoi les vêtements féminins et en particulier ceux qui concernent la partie inférieure du corps (chaussure,bas,porte-jarretelle) constituent les objets d'élection du fétichiste.

Ainsi, il a vu, il n'ignore pas la castration de la femme, mais, dans le même temps, il la dénie en y plaquant l'écran du fétiche (substitut du phallus) auquel il va s'identifier.

Telle est la position du fétichiste, d'être aux prises avec deux lois, la loi de la castration qu'il dénie, et la loi transgressive garantie par le fétiche, et qui lui donne son statut.

D'un point de vue éducatif, la perversion apparaît lorsque règne l'exception, accompagnée du secret et qu'elle finit par faire Loi. Elle s'installe subrepticement quand, par exemple, la mère, en l'absence du père, ouvre son lit à son enfant, juste pour une fois. Mais comme le père est absent pour une semaine, on dira que ces huit jours ne font qu'une fois. A la prochaine absence, ce sera encore une fois, toujours exceptionnellement puisqu'entre une fois et une nouvelle fois la différence est somme toute négligeable.

On remarque ici, que si l'autorité du père est reconnue, c'est pour être contestée. Rien d'étonnant à ce que le défi et la transgression constituent les deux modes sur lesquels se décline la perversion.

Elle ne s'impose que rarement de façon évidente. Le plus souvent, elle s'immisce sans faire de bruit, naturellement. On ne s'en rend compte que trop tard, lorsque la bascule s'est déjà opérée.

Parfois, le pervers recherche ostensiblement la transgression et met l'autre au défi de le suivre. Il arrange alors des mises en scène, dans lesquelles alternent la persuasion, la machination, la tromperie. Le névrosé, ainsi mis au défi, est une proie facile. Il s'efforce de suivre, se convainc qu'il en est capable, mais sent bientôt le sol se dérober sous ses pieds.

C'est que le pervers est un prosélyte. Il n'aime rien tant que d'amener l'autre à transgresser. Si c'est un représentant de la Loi, le plaisir est encore plus grand. Amener un gendarme à franchir la ligne jaune est déjà un plaisir exquis, peut-il entraîner un curé au bordel, et le voilà comblé ! L'éducateur, dans sa pratique, ne rencontre pas ou exceptionnellement de structures perverses. Par contre il sera régulièrement confronté à des comportements pervers.

On essaiera de lui démontrer combien les règles de l'institution sont sujettes à caution, incertaines, mais surtout incomplètes, laissant libres les cas particuliers qu'il devient possible de faire jouer contre la Loi elle-même. L'éducateur saura qu'il est confronté à un comportement pervers lorsqu'il se sentira pris à revers, déstabilisé, entraîné à la faute. Et là, personne n'est à l'abri.

Ainsi, énervé par un adolescent, poussé à bout par des provocations répétées, un éducateur frappe celui-ci violemment du revers de la main. Il saura immédiatement, à son sourire, qu'il est déchu de sa position éducative et que par là-même, l'adolescent est arrivé à ses fins. Une bonne vieille paire de claques aurait été justifiée. Un coup porté avec violence obéit à une autre loi que celle qui règle la fonction éducative.

Sortant de mon bureau un soir, je tombais sur deux enfants d'une douzaine d'années en train de se battre. Ou plutôt, je m'en aperçus rapidement, l'un frappait et l'autre encaissait. Je les séparais non sans mal quand celui qui prenait les coups me dit sur un ton de reproche : "de quoi vous mêlez-vous ? Ca me fait plaisir" ! Je me souviens de la seconde de vacillation qui précéda la réponse pourtant évidente à donner. Cette vacillation correspond au doute introduit par la question : "Pourquoi pas, puisque...". Telle est la formulation type par laquelle le pervers ouvre la brèche qu'il ne cessera ensuite d'agrandir.

Nous reviendrons ultérieurement sur les dangers que les comportements pervers font courir aux institutions, et qui ne sont pas les moindres.

En ce qui concerne les névroses (hystérie, névrose obsessionnelle, phobie), elles se situent, par rapport à la perversion, un cran plus loin dans le parcours œdipien. Elles mettent en jeu le passage de l'être à l'avoir (le phallus). Nous dirons un mot de chacune d'entre elles.

Le sujet hystérique peut être considéré selon un mot de J. Dor comme un "militant de l'avoir"[35]. Qu'il s'agisse pour la femme de "faire l'homme", ou pour l'homme de donner des preuves de sa virilité, l'un et l'autre sont en quête de l'objet dont ils s'estiment injustement privés. C'est que, dans l'économie hystérique, si le père a le phallus, c'est pour en avoir privé la mère. L'identification hystérique se développera donc selon un mode revendicatif supposant qu'il est possible de l'obtenir comme étant son dû. A défaut d'aboutir à ses fins, l'hystérique s'acharnera à mettre à l'épreuve cette identification phallique, voire à faire déchoir le Maître[36]. L'impasse de l'hystérie résulte d'un aveuglement, puisque pour l'avoir (le phallus) il faut d'abord intégrer qu'on peut ne pas l'avoir.

L'obsessionnel est un "nostalgique de l'être"[37], il reste à jamais prisonnier d'une relation privilégiée à sa mère, relation dans laquelle s'il n'est pas le phallus, lui est cependant dévolu pour mission de faire l'appoint. En effet, le père tient à peu près sa place dans l'économie désirante de la mère. Mais il y a un reste, une satisfaction qui n'est pas comblée et pour laquelle le futur obsessionnel s'empresse d'apporter son complément. Aux prises avec cette nostalgie de l'être, le désir de l'obsessionnel se trouve court-circuité. Il en reste à un mode de jouissance passive, vestige de l'investissement du désir maternel. Il acceptera volontiers la place d'objet dans la jouissance de l'Autre, non sans faire entendre une plainte répétitive dans laquelle il se complaît.

Une position de rivalité combative l'entraîne dans des luttes sans fin et souvent pitoyables à l'égard de toute image

---

35. J. Dor, *Le père et sa fonction en psychanalyse*, Point Hors Ligne, 1989, p. 75.
36. En général le mari.
37. J. Dor, *op. cit.*, p. 75.

paternelle. Si insupportable que lui apparaisse le Maître, qu'il ne perd jamais une occasion d'attaquer, il doit rester le Maître[38] pour faire butée à l'érotisation incestueuse de sa relation à la mère. La phobie est la conséquence de l'interdiction proférée par le père à l'encontre du désir incestueux de l'enfant. Cette interdiction a tôt fait de déclencher la haine vis-à-vis du père qui, refoulée, se transforme en amour. Comment l'enfant va-t-il supporter cet amour ? Plutôt mal ! Cette dépendance lui fait craindre d'être trop soumis, féminisé, voire même abusé par le père. Pour que l'angoisse de castration n'envahisse pas le psychisme de façon permanente, le phobique va la projeter sur le monde extérieur et la fixer à un objet précis : un animal, la foule, les espaces fermés, etc. Il lui suffira donc d'éviter l'objet phobique, désormais bien localisé, pour pouvoir vivre presque normalement. Insistons toutefois sur le "presque". En effet, si la phobie est une réponse, somme toute astucieuse, à l'angoisse de castration, elle entraîne le sujet à abandonner, de façon souvent invalidante, tout un pan de sa réalité.

4) PETITE INCURSION DANS LA LINGUISTIQUE

Dans les années 1955-1960 l'apport fondamental de J. Lacan à la théorie psychanalytique peut être résumé par cette phrase quasi aphoristique : "l'inconscient est structuré comme un langage"[39].

Depuis quelques années déjà Lacan s'intéressait au langage. Il étudia l'œuvre de Ferdinand de Saussure[40], inventeur de la linguistique, le premier à décomposer le

---

38. Dans un établissement, le Maître prend la forme du directeur, du chef de service, de la hiérarchie sous toutes ses formes.
39. J. Lacan,Séminaire 11, *Les quatre concepts fondamentaux de la psychanalyse*, Seuil, 1973, p. 23.
40. F.de Saussure, *Cours de linguistique générale*, Payot, 1965.

signe en un signifiant et un signifié, et surtout celle de son ami Roman Jakobson[41].

Freud n'a pas connu les travaux des linguistes. Pourtant, qui a lu son œuvre se rend compte avec un certain étonnement qu'il n'a cessé tout au long de sa vie de travailler sur le langage. Cela commence dès ses "Etudes sur l'hystérie", où le terme de "talking cure" est avancé par l'une de ses patientes, puis se développe dans l'"Interprétation des rêves", où les mots sont l'objet d'un travail inconscient intense par voie de déplacement, de condensation, de déformation, pour s'épanouir dans son ouvrage "Le mot d'esprit dans ses rapports avec l'inconscient"[42].

Déjà en 1900 (l'Interprétation des rêves) Freud écrit que le rêve est à entendre comme un rébus et qu'il faut le prendre à la lettre. Tel Champollion, auquel il se compare, il voit dans la psychanalyse un travail de décodage, de décryptage, de traduction d'un texte perdu. Lacan poursuit dans ce sens : "l'inconscient est ce chapitre de mon histoire qui est marqué par un blanc ou occupé par un mensonge : c'est le chapitre censuré. Mais la vérité peut-être retrouvée : le plus souvent déjà elle est écrite ailleurs". Tel est l'objet du discours programme de Rome prononcé en 1953[43].

Quelques années plus tard (1955-57), Lacan montre avec rigueur et clarté que le travail de l'inconscient s'effectue selon une structure semblable à celle qui, en linguistique, préside à l'élaboration des figures de notre bonne vieille réthorique. Ainsi, la condensation et le déplacement, propre au rêve, ont-ils leur correspondance en termes de métaphore et de métonymie.

---

41. R. Jakobson, *Langage enfantin et aphasie,* Minuit, 1969.

42. S. Freud, *Etudes sur l'hystérie*, P.U.F., 1978 ; *L'interprétation des rêves*, P.U.F., 1976 ; *Le mot d'esprit et ses rapports avec l'inconscient*, Gallimard, coll. Idées, 1930.

43. J.Lacan, *Fonction et champ de la parole et du langage en psychanalyse,* Ecrits, 1966, p. 237s.

Quelques rudiments de linguistique : Jusqu'à Ferdinand de Saussure, le mot est une unité et à chaque chose correspond son mot. L'ensemble du monde peut ainsi être représenté. Cependant cette conception n'a jamais vraiment donné le change. Outre que la communication a toujours laissé passablement à désirer, la question de savoir comment représenter ce qui n'existe pas, reste sans réponse. Ferdinand de Saussure est le premier à avoir brisé la splendide rondeur du mot, et décomposé le signe en un ensemble d'éléments distinctifs : un signifié (s), un signifiant (S), une barre horizontale pour les séparer, un ovale pour faire du signe une entité, et deux barres verticales pour le séparer du précédent et du suivant.

Qu'est-ce qu'un signifiant ? C'est la partie matérielle du signe, ce qui le porte, sa dimension sonore, abstraction faite du sens.

Nous apprenons ainsi que le signifiant fonctionne en chaîne, et toute sa valeur réside en ceci de n'être aucun des autres signifiants de la chaîne[44]. Ce pourrait même être une définition parfaitement recevable du signifiant qui soulignerait sa fonction différentielle : un signifiant est ce que les autres signifiants ne sont pas ! Ainsi en va-t-il pour le signifiant pin, qui se distingue de lin, de main, de rein, de sein, etc.

Le signifié, ou encore le sens, lui, n'existe pas en soi. Il n'est que l'effet de la concaténation des signifiants, c'est à dire de leur enchaînement. Le signifiant prononcé "pin" prend un sens différent en fin de phrase s'il s'articule à des signifiants qui indiquent que je vais acheter une baguette, que je fais de la peinture, ou que je me promène dans une forêt de conifères. On comprend ainsi pourquoi Lacan

---

[44]. F. de Saussure, "dans une langue, chaque terme a sa valeur en opposition avec tous les autres termes", *Cours de linguistique générale*, Payot, 1965, pp. 125-126.

confère au signifiant la primauté sur le signifié et renverse l'ordre du signe proposé par F. de Saussure :

$$\frac{S}{s}$$

C'est donc de l'articulation signifiante que dépend le sens d'un mot, d'une phrase, d'un discours. Cependant, Lacan est psychanalyste et non linguiste. Ce qui l'intéresse c'est de constater que l'effet de ce signifiant prévaut de la même façon dans les formations de l'inconscient, en raison même de ce qu'il est structuré comme un langage.

Ces formations : rêve, mot d'esprit, lapsus, acte manqué, déchiffrées par les voies de la linguistique, et ramenées à ses deux figures principales : la métaphore et la métonymie, correspondent respectivement au travail psychique de déplacement et de condensation.

La métonymie : Si nous nous référons à la définition du Larousse, la métonymie est une "figure de réthorique qui consiste à désigner un objet au moyen d'un terme désignant un autre objet uni au premier par une relation de cause à effet, de contenant à contenu, etc". Quelques exemples viendront expliciter cette définition :

une voile pour un bateau,

un feu pour une maison,

un verre pour son contenu.

Nous constatons bien d'un terme à l'autre un certain déplacement. Illustrons ce processus :

Une jeune femme se rongeait d'inquiétude de façon totalement démesurée pour sa chaudière. Celle-ci, qui datait d'avant guerre était très "fatiguée", "affaiblie" par les ans. Toute la maisonnée devait la ménager soit : ne pas trop la surcharger, veiller à ce qu'elle ne s'emballe pas, sans toutefois la laisser "s'éteindre". Moyennant quoi la famille vivait aux environs de 15° et le mari n'avait aucun mal à se réveiller chaque matin sous la douche...froide. Il ne fut pas difficile de s'apercevoir, qu'à parler ainsi de sa chaudière, cette jeune femme se souciait en réalité de sa mère : malade du cœur depuis de longues années, risquant chaque jour, disait-elle, un nouvel infarctus, constamment fatiguée, elle avait fait de sa santé le souci numéro un de ses filles qui craignaient chaque matin de la retrouver "éteinte" dans son lit.

Le déplacement -métonymie- repéré ici correspond à ce qu'en dit Freud : "La charge psychique passe des représentations dont le potentiel initial est élevé (ici la mère) à d'autres dont la tension est faible (la chaudière) et qui permettent aux premières de franchir la conscience"[45].

Le déplacement concerne le désir qui circule de signifiants en signifiants pour enfin trouver une représentation acceptable. Ainsi, la métonymie se déploie dans l'axe de la diachronie (c'est-à-dire du discours qui se déroule dans le temps). Elle permet au désir de courir, tel le furet, sous la chaîne signifiante qui le supporte tout en l'occultant.

La métaphore : Là encore, reportons nous à la définition du petit Larousse. La métaphore est : "le procédé par lequel on transporte la signification propre d'un mot à une autre signification qui ne lui convient qu'en vertu d'une comparaison sous-entendue". Tout le monde connaît les métaphores classiques pour ne pas dire usées du style :
la lumière de l'esprit,
la fleur des ans,
c'est un lion...

Lacan, lui, est plus lapidaire, mais tout aussi précis : "un mot pour un autre, telle est la formule de la métaphore", et il ajoute "si vous êtes poète, vous produirez, à vous en faire un jeu, un jet continu, voire un tissu éblouissant de métaphores"[46].

"L'amour est un caillou riant dans le soleil". Cet exemple emprunté à P. Eluard est saisissant. Il en dit plus, en un instant, que bien des ouvrages sur la question. Dans la métaphore vive, l'étincelle créatrice jaillit, et frappe l'auditeur qui en demeure interloqué. C'est là ce qui intéresse tout particulièrement Lacan : "la métaphore se place au

---

45. S. Freud, *L'interprétation des rêves*, PUF, 1950.
46. J. Lacan, *op. cit.*, p. 507.

point précis où le sens se produit dans le non-sens"⁴⁷. Qu'y a-t-il de commun entre l'amour et un caillou ? Et pourtant dans la seconde tout est dit et bien plus encore. Le surgissement de la signification est immédiat, produit par la substitution d'un signifiant tombé sous la barre.

Dans l'œuvre de Freud, il n'est qu'à se baisser pour ramasser à chaque page des exemples de condensation⁴⁸. Arrêtons-nous sur ce mot d'esprit : un certain Hirsch-Hyacinthe se targue de ses relations avec le riche baron de Rothschild et termine par ces mots : "aussi vrai que Dieu m'accorde ses faveurs, j'étais assis à côté de Salomon de Rothschild et il me traitait tout à fait d'égal à égal, de façon toute famillionnaire"⁴⁹. Ce mot d'esprit peut s'écrire de cette façon :

fami-li-......ère
..mi-lli-onnaire
―――――――――
fami-lli-onnaire

Nous observons ici la condensation des deux mots "familière" et "millionnaire". Cette formation composite résulte de l'irruption involontaire des soucis financiers de Hirsch-Hyacinthe dans la chaîne intentionnelle du discours. Le sens se produit dans le non-sens qui lui en fait dire bien plus qu'il ne le veut.

Un peu plus loin nous trouvons ce second exemple : "un des premiers actes du règne de Napoléon III fut, on le sait, de confisquer les biens de la famille d'Orléans. On en fit un joli jeu de mots : "c'est le premier vol de l'aigle"⁵⁰.

―――――――――

47. J. Lacan, *ibid*, p. 508.
48. Rappelons que la condensation version Freud n'est autre que la métaphore version Lacan.
49. S. Freud, *Le mot d'esprit dans ses rapports avec l'inconscient*, Gallimard, 1979, p. 25.
50. *Ibid*, p. 59.

Ici encore, un mot disparaît pour laisser place à un autre, en vertu du double sens du mot vol. La création de sens jaillit de cette substitution signifiante, elle est instantanée.

Si la métonymie s'inscrit dans la diachronie, nous constatons que la métaphore produit son effet dans l'axe synchronique du langage, soit ce qui se passe simultanément, en un même temps.

Freud déjà voyait dans les symptômes hystériques un jeu de symboles directement liés à la condensation. Il rapporte le cas de cette malade qui "souffrait de douleurs au bas du dos. Au cours des associations libres, elle s'arrête au mot Kreuz (croix) et dit que la croix signifie sa douleur. En effet, Kreuz en Allemand signifie sacrum. Freud lui fait remarquer que le mot Kreuz sert également à désigner la souffrance morale. Cette interprétation fait disparaître le symptôme"[51]. Nous reconnaissons ici le mécanisme de la métaphore et son processus de substitution.

Un jeune ecclésiastique s'adonnait avec assiduité à la théologie. Il tirait un certain plaisir à être sollicité par ses collègues : conférences par-ci, séminaires par là. Cette considération l'amenait à se sentir investi d'une autorité particulière. Il était en analyse et au cours d'une séance lui vint ce mot : "sacerdoce" que l'analyste reprit sous la forme "ça sert d'os" c'est-à-dire votre théologie vous sert d'os, terme fréquemment employé en argot pour désigner le phallus. Peu après l'analysant abandonna la théologie et s'engagea dans un important remaniement libidinal. On voit bien ici comment la fonction ecclésiastique (sacerdoce) était venue en position phallique (ça sert d'os) avec cette particularité de l'occulter tout en la maintenant. La substitution métaphorique avait fait passer cette signification sous la barre (refoulement) de sorte qu'elle courait, masquée, tel le désir, de séminaires en conférences. L'interprétation signifiante, en déverrouillant la signification phallique, a restitué

---

51. Cité par A. Vergote, *La psychanalyse science de l'homme*, Dessart, 1964.

le signifiant dans la chaîne initiale et par là-même dégagé le sujet de cette identification.

5) LE PÈRE : UNE MÉTAPHORE !

Si les formes de l'inconscient découvertes par Freud correspondent aux figures de la réthorique, on ne s'étonnera pas que la métaphore constitue le point tournant du complexe d'Œdipe, à savoir : le passage de la problématique de l'être à celle de l'avoir. En effet, c'est bien par le Nom du Père que l'enfant nomme les absences de sa mère.

La métaphore met en place le refoulement originaire par lequel l'enfant va renoncer à être l'objet venant combler le manque, pour accéder au registre de l'avoir. A la perte de son identification phallique, correspond la perte de la mère primordiale, appréhendée dans l'immédiateté de l'être, comme toute à lui.

En nommant le père selon sa fonction, l'enfant se dégage d'un parler bébé (le babil) qui le maintenait dans la proximité de la jouissance maternelle. C'est en accédant à la symbolisation qu'il devient sujet comme le révèle le jeu dit "de la bobine" repéré par Freud[52]. De quoi s'agit-il ? "L'enfant avait une bobine de bois entourée d'une ficelle...Il lançait la bobine avec beaucoup d'adresse par dessus le bord de son lit entouré d'un rideau, où elle disparaissait. Il prononçait alors son invariable `o-o-o-o', (Dort,là-bas), retirait la bobine du lit et la saluait cette fois par un joyeux `Da !' (voilà). Tel était le jeu complet, comportant une disparition et une réapparition, mais dont on ne voyait généralement que le premier acte, lequel était répété inlassablement, bien qu'il fut évident que c'est le deuxième acte qui procurait à l'enfant le plus de plaisir. L'interprétation du jeu fut alors facile. Le grand effort que l'enfant s'imposait avait la signification d'un renoncement à

---

52. S. Freud, *Au-delà du principe de plaisir*, *Essais de psychanalyse*, Paris, P.B.P., 1970, pp. 16-17.

un penchant et lui permettait de supporter sans protestation le départ et l'absence de sa mère."⁵³ Remarquons que c'est en renonçant à son "penchant" que l'enfant accède à une ébauche de symbolisation et que celle-ci à son tour l'aide dans son renoncement.

Le père qui est en fonction en ce point nodal du complexe d'Œdipe, le père, qui entre en jeu et met en place la métaphore, n'est pas le père réel. "Qu'est-ce qu'il est ?... le père est une métaphore. Une métaphore, qu'est-ce que c'est ?...C'est un signifiant qui vient à la place d'un autre signifiant...Le père est un signifiant substitué à un autre signifiant ? Et là est le ressort et l'unique ressort essentiel du père en tant qu'il interdit dans le complexe d'Œdipe"⁵⁴. Si le père est une métaphore, un minimum de prudence s'impose lorsqu'en synthèse, notamment, on évoque le père, puisque "parler de sa carence dans la famille n'est pas parler de sa carence dans le complexe"⁵⁵. Ainsi, un père apparemment défaillant dans la réalité peut avoir été tout à fait opérant dans le complexe.

L'irruption du père dans la vie de l'enfant, irruption désignée par le signifiant S2 (signifiant du Nom du Père) a pour conséquence de faire passer le signifiant S1 (signifiant du désir de la mère) sous la barre, et par là-même de le rendre inconscient (refoulement originaire).

Nous pouvons à la suite de Lacan écrire cette métaphore ainsi :

$$\frac{S_2}{S_1} \cdot \frac{S_1}{x} \rightarrow S_2 \left(\frac{I}{Phallus} \right)$$

où le Nom du Père (S2) a pour signifié le désir de la mère (S1) qu'il focalise,

le désir de la mère (S1) a pour signifié l'idée obscure que l'enfant s'en fait, soit le phallus,

---

53. *Ibid.*
54. J. Lacan, séminaire 5, *Les formations de l'inconscient*, inédit, leçon du 15 janvier 1958.
55. J. Lacan, *ibid.*

la parenthèse indique que le Nom du Père, substitué au désir de la mère, met en place le refoulé et par là même le désir qui va courir d'un signifiant à l'autre à la recherche de son impossible satisfaction.

En nommant le père, l'enfant continue d'une certaine façon à parler de l'objet de son désir. Il le fait métaphoriquement, ce que nous traduisons par inconsciemment. La conclusion inévitable ne peut manquer de surprendre : "l'enfant ne sait plus ce qu'il dit dans ce qu'il énonce. Autre manière d'évoquer que l'enfant accède au langage en ne sachant pas ce qu'il dit dans ce qu'il parle. Le langage apparaît donc comme cette activité subjective par laquelle on dit tout autre chose que ce que l'on croit dire dans ce que l'on dit"[56].

Le refoulement originaire, c'est-à-dire le refoulement du désir de la mère, met en place le désir, et l'inscrit comme signifié des chaînes signifiantes inconscientes. Désormais le désir n'aura plus d'autre voie que le langage où il s'aliène. N'étant plus localisé dans l'être, il va se déployer dans l'avoir, d'un objet à l'autre, d'un signifiant à l'autre selon le jeu du furet de la métonymie.

Illustrations cliniques : retour sur la psychose.

La métaphore du Nom du Père constitue le repère structural qui permet de positionner la psychose par rapport aux autres pathologies. Celle-ci est essentiellement caractérisée, selon Lacan, par la forclusion du Nom du Père. Ce terme juridique indique qu'un droit est devenu caduc lorsqu'on ne l'a pas fait valoir dans le temps prescrit. Le signifiant du Nom du Père est alors forclos, c'est-à-dire non advenu. Le refoulement originaire est tenu en échec, et l'accès au symbolique se trouve gravement compromis. L'enfant demeure assujetti à la mère archaïque et se considère comme le seul et unique objet de son désir, soit son

---

56. J. Dor, *Introduction à la lecture de Lacan,* Denoël, 1985, p. 132.

phallus. La forclusion du Nom du Père constitue donc : "le défaut qui donne à la psychose sa condition essentielle qui la sépare des névroses"[57].

Comment cet avènement est-il devenu impossible ? Rappelons que le Père n'est à même de jouer son rôle dans l'Œdipe que pour autant que la mère reconnaît sa parole, souscrit à son autorité, lui réserve sa place dans son discours. Par contre, le Nom du Père est forclos lorsque ce signifiant est dénié dans le discours de la mère.

Comment s'opère ce déni ? Sans nous attarder sur cette question, mentionnons une forme linguistique, la prétérition[58], qui permet de rayer la valeur d'un mot dans toute la chaîne langagière. Lorsqu'une mère dit à son enfant : "ton père, pour ne pas le nommer..." ou encore : "ton père, mieux vaudrait ne pas en parler,...", il est clair qu'elle dénie par là toute autorité, tout intérêt, toute dignité à la personne citée, et cela, une fois pour toutes !

Les éducateurs connaissent bien les mères d'enfants psychotiques. Sans doute sont-ils parmi les mieux placés pour ressentir l'effet du lien fusionnel qui les lie à leur enfant. Ici toutefois, la plus grande prudence s'impose. Nous ne souhaitons pas parler des mères de psychotiques comme d'une catégorie à part. Non seulement les phénomènes inducteurs de psychose restent pour le moins mystérieux[59], mais de plus, nous ne savons toujours pas expliquer pourquoi dans une fratrie de cinq enfants, un seul est psychotique[60]. Nous nous contenterons donc ici de repérer un ou deux traits caractéristiques des relations de la mère à son enfant.

---

57. J. Lacan, *D'une question préliminaire à tout traitement de la psychose*, Ecrit, 1966, p. 575.
58. La prétérition: action de taire, de passer sous silence. Figure de réthorique par laquelle on feint d'omettre les circonstances sur lesquelles on insiste avec beaucoup de force (Littré).
59. La plupart des auteurs considèrent que trois générations sont nécessaires pour fabriquer une psychose: Lacan, Dolto, Pankow etc.
60. Sans doute faut-il supposer la conjonction de plusieurs facteurs en un temps donné.

Le premier trait concerne la période de gestation. D'une façon générale, la mère conçoit le fœtus comme un être distinct d'elle-même. Elle l'imagine déjà et anticipe la place qu'il prendra dans le foyer. Certaines mères à un moment donné de leur vie n'ont pas cette capacité. Pour elles, le fœtus n'est qu'un prolongement de leur corps, un organe supplémentaire, un pur réel non imaginarisable. Elles ne savent en parler qu'en fonction de la gêne qu'il leur procure : "il me pèse sur la vessie", "il m'empêche de respirer". Ces femmes ne tricotent pas de layette. Elles ne préparent pas de berceau[61]. L'accouchement est vécu de façon presque incompréhensible et la dépression post-partum tout de suite refermée par l'instauration d'une relation fusionnelle excluant toute intervention extérieure. L'enfant, une fois né, reste ce qu'il était auparavant : un prolongement du corps maternel. Il est destiné "à remplir le manque à être de la mère, il n'a d'autre signification que d'exister pour elle et non pour lui. A toute prétention de l'enfant à l'autonomie, va correspondre immédiatement l'évanouissement pour la mère de ce support fantasmatique dont elle a besoin"[62].

Le deuxième trait est présupposé par le premier, nous y avons déjà fait allusion. Il concerne le déni systématique de la fonction du père symbolique. On peut penser que ces mères n'ont pas ou plus idée de ce que représente la Loi.

Les éducateurs ont l'expérience de ces mères qui sont devenues leur propre loi pour elle-même et pour leur enfant. C'est une loi individuelle et de pure convenance. Les règles de fonctionnement des établissements les laissent de marbre. Elles n'hésitent pas à retirer leur enfant dès qu'un progrès, une ébauche d'autonomie les met en péril. Enfin, elles ne manquent jamais de rappeler que si elles acceptent de placer leur enfant c'est parce qu'elles le veulent bien et non en vertu d'une décision qui le prescrit.

---

[61]. Toutes ces remarques ont été très finement soulignées par P. Aulagnier: "Remarques sur la structure psychotique", *La Psychanalyse*, n°8, Paris, P.U.F., 1964, pp. 47-67.

[62]. M. Mannoni, *L'enfant arriéré et sa mère*, Seuil, 1964, p. 67.

Pris dans cette relation fusionnelle, l'enfant pâtit d'un manque de filiation. Le déni maintenu par la mère, abolit la fonction paternelle et ne permet pas qu'un enfant soit reconnu fils ou fille d'un père. A proprement parler, le psychotique, bien que né d'un homme et d'une femme, n'est fils de personne.

Il n'est pas rare qu'un sentiment d'impuissance envahisse l'éducateur confronté à la psychose. C'est qu'en face, la relation fusionnelle de l'enfant à sa mère revêt un caractère d'omnipotence. Dans l'univers du psychotique, les évènements arrivent par miracle sur un mode hallucinatoire ou délirant analogue à la relation mère-nourrisson. Il suffit de souhaiter pour que les choses adviennent, comme par enchantement.Il n'est donc pas surprenant que la conviction éducative ne soit que de peu de poids comparée à la toute puissance de la complétude imaginaire.

Au sentiment d'impuissance s'ajoute fréquemment une intense lassitude. La carence du signifiant paternel, et le défaut qui en résulte dans le symbolique, ne permet pas que la Loi s'inscrive, ni en conséquence les règles, les consignes, et même souvent les apprentissages. Il faut redire, encore et toujours redire. Le psychotique qui est hors la Loi n'a pas nécessairement conscience de transgresser. Il est même fréquent qu'il ne s'en rende compte qu'aux réactions que son acte provoque, et aux conséquences qui en résultent.

Un collègue de travail me raconta l'anecdote suivante :
"un jeune adulte vint me consulter amené par son amie. Autant lui semblait presque détendu, se demandant ce qui pouvait bien justifier sa présence dans mon cabinet, autant son amie paraissait éplorée. Je le reçus donc, et il me parla sans réticence de ses nombreuses aventures, des quelques scrupules qu'il pouvait ressentir vis-à-vis de son amie lorsqu'il lui décrivait, par le menu, le détail de ses fredaines. Manifestement, pour lui, rien là que de très banal. Tout à coup, je le vis retenir un fou-rire, et il me dit entre deux hoquets : "et vous savez, ça fait trois ans que je couche avec sa mère, et elle (son amie) vient de l'apprendre". La situation

non seulement ne le gênait pas le moins du monde, mais encore lui convenait parfaitement. Il était juste ennuyé de l'effet d'effondrement que la nouvelle provoquait sur celle qu'il appelait : "ma petite femme". Visiblement il ne comprenait pas pourquoi cette histoire prenait de telles dimensions, ajoutant que : "tout de même, ce n'est pas la fin du monde !"

L'incompréhension, l'absence de toute culpabilité, signent l'incapacité de ce jeune adulte à se référer à la dimension paternelle. C'est parce-qu'il n'était fils de personne, hors filiation, qu'il lui fut possible d'entretenir des relations sexuelles, indifféremment et simultanément, avec la mère et la fille.

Aucun Nom du Père ne fonctionnait pour faire butée et focaliser son désir. Il était là, flottant, hors sens, constamment ouvert à tous les possibles, en un mot errant. C'est parce qu'il n'existe pas de signification centrale que le sujet doit errer. Non selon le sens que l'on attribue à ce terme dans la névrose et qui postule une signification finale. L'errance psychotique n'a pas de borne, elle est infinie. Il faut donc, indifféremment et indéfiniment, parcourir tous les chemins.

Le psychotique est comme posé là. Pourquoi là plutôt qu'ailleurs ? La question n'a pas de sens. S'il emprunte un chemin, ce n'est pas qu'il soit préférable. Il faut le parcourir. Puis après, il y aura tous les autres sans exception.

Un patient psychotique m'indiqua qu'il s'absenterait une quinzaine de jours. Il voulait visiter la Norvège. Je le revis en effet au bout de deux semaines, bronzé, comme s'il revenait des tropiques. Il me raconta qu'il s'était mis au bord de la route, pour faire du stop. Comme au bout d'une heure personne ne s'était arrêté, il s'accorda un délai d'une demi-heure, à la suite duquel il traversa, pensant qu'il aurait plus de chance de l'autre côté. C'est ainsi qu'il se retrouva au Maroc. La Norvège, le Maroc, c'était pour lui indifférent. Dans cette perpétuelle errance, rien ne venait dire qu'un chemin serait préférable à l'autre.

Les éducateurs qui travaillent en I.M.E. IRPSY. C.A.T. M.A.S. sont confrontés à des situations particulièrement difficiles. Nous ne nous étendrons pas sur les différentes formes qu'elles peuvent revêtir. Disons simplement notre admiration pour ceux qui ont à assumer une souffrance et un malheur qui souvent dépasse notre entendement.

L'apport théorique de Lacan nous a offert quelques éclaircissements sur ce malheur. Il permet de saisir les raisons de "l'irruption psychotique". Si la carence du signifiant paternel constitue l'élément spécifique de la psychose, on ne s'étonnera pas qu'elle se déclenche[63] lorsque le sujet est mis en demeure d'assumer la fonction qui, précisément, lui fait défaut. Devant cette injonction, le psychotique ne rencontre que le vide. Les chaînes signifiantes s'y engouffrent et disparaissent comme au fond d'un puits, privant le sujet de toute possibilité de représentation.

Les causes de l'injonction ne sont pas indéfinies. Elles se ramènent grosso-modo aux situations dans lesquelles le sujet doit assumer :

- son être sexué : rapport sexuel, règles, accouchement, etc,

- son identité d'homme ou de femme : mariage, naissance, service militaire, etc,

- sa fonction sociale, surtout si elle a un rapport avec la position paternelle : par exemple, juge[64].

Lors d'une formation, un éducateur me rapporta l'anecdote suivante : un jeune couple attendait un enfant. Le temps venu, Mr X accompagne son épouse à la clinique et sur les conseils de la sage-femme, rentre chez lui pour dormir. A cinq heures du matin le téléphone sonne :

- "Mr X " ?,
- "Oui",

---

63. Le terme de déclenchement est ambigu comme le fait remarquer C. Calligaris (Pour une clinique différentielle des psychoses, Point Hors Ligne,1971), puisqu'il laisse entière la question de savoir ce qu'il en est du psychotique avant le déclenchement de la crise.

64. On connait l'histoire du Président Schreber, *cf* Remarques psychanalytiques sur l'autobiographie d'un cas de paranoïa : Dementia Paranoïdes. Cinq psychanalyses, p. 263s.

- "J'ai le plaisir de vous informer que vous êtes papa d'un joli petit garçon. Votre femme et votre fils vous attendent".

Mr X prend son vélo, se dirige vers la clinique, passe devant et continue son chemin. Ni la mère ni l'enfant ne l'ont jamais revu. Etre père n'avait probablement pas trouvé à se subjectiver et ne signifiait rien pour lui.

Enfin, parmi les manifestations propres à la psychose, l'une est particulièrement insupportable : l'auto-mutilation. Qu'est-ce qui peut pousser un homme ou une femme à de tels gestes ? Pour le comprendre, revenons au concept de forclusion. Elle se produit lorsqu'à l'appel du Nom du Père aucun signifiant ne répond. L'ensemble de la fonction paternelle est compromise et en particulier l'assomption de la castration symbolique rendue impossible. Dans ce registre du symbolique, le psychotique ne peut inscrire le manque, la fonction susceptible de le soutenir ayant été abolie. C'est en raison de cette impossibilité que le psychotique va le graver dans le réel de son corps : telle est l'automutilation. Elle correspond ainsi à l'énoncé de Lacan : "ce qui n'est pas venu au jour du symbolique, apparaît dans le réel"[65]. Chez le psychotique, l'automutilation intervient comme un succédané de la castration symbolique qui lui est inaccessible. Dans la plupart des cas l'apaisement succède pour un temps au passage à l'acte, comme si le psychotique avait ainsi payé par le sacrifice d'un morceau de son corps, la dette qui ne cesse de l'empoisonner.

6) DE LA JOUISSANCE AU DÉSIR

Tel est schématiquement le chemin que nous avons parcouru avec l'Œdipe, et qui trouve son point d'aboutissement dans la mise en place de la Métaphore

---

65. J. Lacan, *Réponse au commentaire de Jean Hyppolite*, Ecrits, Seuil, 1966, p. 388.

paternelle. Aussi ce chapitre viendra-t-il conclure notre première partie. Il ramassera l'essentiel des données exposées dans les chapitres précédents, recentrées autour d'un thème qui nous servira de fil conducteur pour les deux parties suivantes : *la castration.*

Avant d'aller plus loin et pour éviter toute confusion, arrêtons nous un instant sur une question de vocabulaire. La jouissance, dans l'acception commune, désigne la possession d'un bien dont on tire bénéfice. Le terme s'associe ainsi au plaisir et par extension, à la volupté, voire au moment paroxystique de la relation sexuelle. Nous l'entendrons ici dans son sens psychanalytique. En effet, la jouissance, loin d'être connotée de plaisir, fait irruption, traumatisme. Elle est l'instant de dérèglement indicible et mortifère sous lequel sombre le sujet. Tel est l'état de l'enfant livré, impuissant, à la mère archaïque, à ses allées et venues imprévisibles, à ses réprimandes, comme à ses baisers dévorants, manipulé selon son bon vouloir. Ici, nul rêve de fusion bienheureuse. Au contraire, la Loi n'étant pas encore venue mettre en ordre ce monde incohérent, le désir de la mère règne en son plus parfait arbitraire. C'est par l'entrée dans le langage et la mise en place de la métaphore paternelle, que la "chair" de l'enfant fait l'objet d'une véritable expulsion de la jouissance. Par là-même la "chair" devient "corps", en perdant cet ineffable mortifère d'avant la Loi. Désormais l'enfant n'est plus "chair" de jouissance, mais "corps". D'ailleurs le langage, pour lequel l'homme "a un corps" (et non pas "est un corps" ce qui le situerait du côté de la jouissance), rend compte du pas franchi par cette perte.

Autour de ce vide ainsi créé, le langage tisse ses réseaux, renforce les barrières qui le tiennent à distance. La jouissance attachée à la mère archaïque est défendue. Rejetée à l'extérieur, elle n'en demeure pas moins le plus intime de notre être, son noyau compact, obscur, véritable trou noir : "extime" pour reprendre le néologisme forgé par Lacan dans le séminaire qu'il lui a consacré : "L'Ethique de la psychanalyse"[66]. C'est pourquoi, bien qu'expulsée, la jouissance produit encore ses effets. Dans l'ombre, silencieusement, insistent les pulsions, restes de la jouissance perdue, localisées dans les zones érogènes. Par elles, la jouissance bannie fait retour, inscrivant sur le corps, dans les symptômes de véritables réserves enkystées. Telle est la fonction de la psychanalyse, d'inciser ces kystes pour que la jouissance, filtrée, amortie, canalisée par les réseaux des signifiants, soit déversée dans le pot-au-noir.

N. Braunstein propose de considérer la parole comme un filtre, ou mieux comme un diaphragme de la jouissance au sens photographique du terme[67]. Elle l'intercepte, protège de ses excès et ne laisse filtrer, sauf accident, que ce qui peut-être supporté par le sujet. Chez le psychotique, la parole ne joue pas son rôle et la jouissance inonde le sujet, dévaste son corps produisant métamorphoses et excès qui laissent le sujet sidéré[68]. Au contraire, chez le névrosé, le diaphragme s'est rétréci, mais rigidifié. La jouissance est tenue à distance et ne pénètre plus dans l'appareil que de façon pointilliste.

L'opposition entre la jouissance et le langage est fondamentale dans la clinique freudienne. Le peu qui pénètre dans l'appareil, doit passer par les réseaux du signifiant pour y être tamisée. Ainsi apprivoisée, mais dénaturée, elle ne peut plus qu'évoquer une jouissance disparue et qui lui est devenue étrangère.

Pour être plus précis, nous dirons que la parole non seulement expulse la jouissance, mais paradoxalement la crée en l'expulsant. En effet, qu'y avait-il avant le langage ? Nul ne le sait. Poser la question engage dans la voie du mythe. Il faut donc voir en la jouissance un effet d'après coup du langage. Parce qu'il introduit le manque, il délimite en creux la place de l'objet manquant, évoquant rétroactivement la jouissance comme si elle avait été là de tout temps.

---

66. J. Lacan, Séminaire 7, *L'Ethique de la psychanalyse*, Seuil, 1986.
67. N. Braunstein, *La jouissance, un concept lacanien*, Point Hors Ligne, 1990, p. 76.
68. Rappelons-nous, par exemple, les automutilations.

Tout ce qui précède est recentré par Lacan avec une particulière clarté dans les pages de l'Ethique de la psychanalyse consacrées à l'interdit de l'inceste. Après avoir fait justice des effets prétendument redoutables des croisements trop proches, en rappelant qu'ils sont utilisés pour améliorer une race végétale ou animale, il s'engage dans un dialogue avec Lévi-Strauss. L'ethnologue : "confirme sans doute dans son étude magistrale, le caractère primordial de la Loi comme telle, à savoir l'introduction du signifiant et de sa combinatoire dans la nature humaine par l'intermédiaire des lois du mariage réglé par une organisation des échanges qu'il qualifie de structures élémentaires...Mais même quand il a fait cela,...il ne va pas plus loin qu'à nous indiquer pourquoi le père n'épouse pas sa fille - il faut que les filles soient échangées. Mais pourquoi, le fils ne couche-t-il pas avec sa mère ? Là quelque chose reste voilé"[69]. Et Lacan serre la question jusque dans sa pointe : "c'est dans l'ordre de la culture que joue la Loi. La Loi a pour conséquence d'exclure toujours l'inceste fondamental, l'inceste fils-mère, qui est ce sur quoi Freud met l'accent...

C'est là que je veux vous arrêter. Le désir pour la mère ne saurait être satisfait parce-qu'il est la fin, le terme, l'abolition de tout le monde de la demande, qui est celui qui structure le plus profondément l'inconscient de l'homme. C'est dans la mesure même où la fonction du principe du plaisir est de faire que l'homme cherche toujours ce qu'il doit retrouver, mais ce qu'il ne saurait atteindre, c'est là que gît l'essentiel, ce ressort, ce rapport qui s'appelle la Loi de l'interdit de l'inceste"[70].

Ainsi, et ce point est fondamental, la castration ne se réduit pas à un moment de l'Œdipe. Elle joue de façon beaucoup plus radicale à la manière d'un tranchant qui sépare la jouissance du désir. "La castration veut dire qu'il faut que la jouissance soit refusée pour qu'elle puisse être

---

69. J. Lacan, séminaire 7, *L'éthique de la psychanalyse*, Seuil, 1986, p. 82.
70. J. Lacan, *ibid*, p. 83.

atteinte sur l'échelle renversée de la Loi du désir"[71]. On ne peut mieux souligner l'opposition de l'une à l'autre par le moyen de la Loi, c'est-à-dire du signifiant. Le phallus comme signifiant n'a d'autre signifié que l'impossibilité de cette jouissance. Jamais peut-être le sens de l'interdit de l'inceste n'a été serré d'aussi près. Jamais sans doute l'alternative n'a été présentée de façon aussi nette :
  - ou la jouissance, et par conséquent l'effondrement de la chaîne signifiante, support du sujet,
  - ou le désir, mais un désir bien particulier puisqu'il met l'homme en route, précisément, vers ce qu'il ne saurait atteindre.

On peut comprendre à partir de là pourquoi Lacan considère le désir comme indestructible[72]. Chaque objet visé n'est qu'un succédané de ce qui, en fait, ne se trouve pas "devant", à conquérir, mais "en arrière", perdu et définitivement. On ne méditera jamais assez l'énoncé de Lacan : " je te demande de refuser ce que je t'offre parce-que ce n'est pas ça"[73].

De ces considérations nous déduirons trois conséquences fondamentales pour la pratique éducative :
1 La Loi et le désir sont les deux faces d'une même monnaie.
Version Œdipe : il faut que la mère soit interdite pour que l'enfant désire ailleurs.
Version l'Ethique : la jouissance attachée à la mère archaïque, objet primordial du désir manque, mais ce vide n'est pas pur néant. Quelle positivité lui reconnaître ? Regardons le potier. Son génie n'est-il pas de donner forme au vide. "C'est pour le vide, c'est en lui, à partir de lui qu'il façonne l'argile pour en faire une chose qui a forme...Le

---

71. J. Lacan, *Subversion du sujet et dialectique du désir,* Ecrits, Seuil, 1966, p. 827.
72. J. Lacan, séminaire 11, *Les quatre concepts fondamentaux de la psychanalyse,* Seuil, 1973, p. 33.
73. J.Lacan, séminaire 20, *Encore,* Seuil, 1975, p. 101.

vide de la cruche détermine tous les gestes de la production. Ce qui fait du vase une chose ne réside aucunement dans la matière qui le constitue, mais dans le vide qui le contient"[74]

Ainsi, c'est ex-nihilo que surgit le signifiant, soit les représentations qui tournent autour du vide laissé par la jouissance définitivement perdue.

2 Si la mère primordiale - entendons bien, la mère qui n'est pas encore prise dans le réseau signifiant des structures de la parenté - est impossible, pourquoi faut-il encore qu'elle soit interdite ? C'est que le complexe d'Œdipe est le "rêve de Freud"[75], et comme tel il doit être interprété. En effet, affirmer que l'inceste est possible, que l'interdit a été transgressé par un homme, c'est jeter un voile sur plus terrible encore : le vide, et ce qui en résulte, la pulsion de mort. Le conflit avec le père est là pour faire diversion et éviter la confrontation avec la castration radicale, celle opérée par le langage lui-même. Le signifiant expulsant la jouissance, il n'est pas besoin que la mère (archaïque) soit interdite puisqu'en tant qu'objet du désir, elle fait défaut.

3 La Loi fondamentale, celle qui confronte le sujet à la castration radicale, commande de désirer. Elle n'a rien à faire avec l'interdit qui suppose la présence de la mère archaïque. En effet, interdire la mère maintient son existence et avec elle, le Souverain Bien. Il serait donc possible d'éviter ainsi l'épreuve du manque. Nous sommes ici confrontés à une question d'ordre éthique, dont la réponse est radicalement différente si la mère est interdite ou impossible :
- ou le sujet accepte de se confronter au manque radical,
- ou il passe sa vie dans les conflits imaginaires, reproductions de ses démêlés avec le père interdicteur.

---

74. M. Heidegger, *Essais et conférences*, Gallimard, 1950, p. 200.
75. J. Lacan, séminaire 17, *L'envers de la psychanalyse*, Seuil, 1991.

Sans aucun doute aurons-nous à revenir plus loin sur cet énoncé de Lacan, que fondamentalement, "il est plus facile de subir l'interdit que d'encourir la castration"[76].

---

76. J. Lacan, séminaire 7, *L'Ethique de la psychanalyse*, Seuil, 1986, p. 354.

DEUXIÈME PARTIE :

LE FONDEMENT DE L'ACTE ÉDUCATIF

Introduction : Dans cette deuxième partie nous allons pouvoir tirer profit de notre parcours précédent. Après nous être donné le mal de préparer la terre, de semer, d'arroser, il est légitime de retirer les fruits de notre labeur. Formulons donc à nouveau notre question : *où et comment trouver un fondement à une pratique et à un discours éducatifs ?*

1) JE SUIS, TU ES, IL EST ÉDUCATEUR...

Puisque le temps de la récolte est venu, nous nous autoriserons un léger suspens en parcourant les réponses habituellement données à cette question.

Nous postulerons que le choix de la fonction éducative repose sur une identification fondamentale : l'"identification à la bonne mère". Selon la personnalité de l'intéressé, celle-ci est bientôt recouverte par une identification secondaire. Nous en avons dégagé trois :
— l'éducateur animateur,
— l'éducateur intellectuel,
— le gestionnaire du social.

C'est avec le sourire que nous parcourrons ces différentes positions éducatives. nous n'aurons pas besoin de beaucoup forcer les traits pour en dégager les caractéristiques essentielles. Si le lecteur se reconnaît ici ou là, qu'il sache que derrière l'ironie qui pourrait l'atteindre, se cache notre admiration pour ceux qui se sont risqués dans cette voie si exigeante.

L'éducateur bonne mère" : c'est l'identification éducative fondamentale. Comment pourrait-on embrasser cette profession sans y participer peu ou prou ? Elle alimente les images qui émeuvent le grand public, que ce soit dans la discrétion et la dignité, ou dans le débordement émotionnel.

Les élans altruistes qui concluent bien des adolescences trouvent leur accomplissement dans une perspective de dévouement et de réparation.

Dans son travail quotidien, l'éducateur est constamment aux prises avec la question de "l'affectif". C'est en particulier le cas dans les situations d'internat, lorsqu'il s'agit de faire manger un enfant, de l'aider à sa toilette, de veiller sur son sommeil. En fait c'est toute la situation familiale, psychologique de l'enfant qui touche l'éducateur et suscite en lui des velléités de compensation ou de réparation.

L'identification à la " bonne mère" est une position qui parie sur les vertus de l'amour. Vertus éducatives et thérapeutiques. Mais est-il si sûr que les enfants que nous accueillons soient en manque d'amour ? Ne souffrent-ils pas plutôt de trop d'affects, étouffés par des parents possessifs, enjeu d'un couple qui se déchire, etc. Dans les situations familiales souvent confuses où ils vivent, n'ont-ils pas besoin avant tout de repères et de sécurité ? Par ailleurs, il est loin d'être évident que l'amour permette de fonder une position éducative correcte. Bien au contraire même, si tant est, comme le dit le poète, qu'il n'a jamais connu de loi.

Certes, l'éducateur pas plus que quiconque ne peut faire l'économie de la dimension affective présente en toute relation. Mais s'il n'est pas vigilant, il ne tardera pas à se rendre compte que c'est un "moyen" à double tranchant. L'affectif lui permettra de nouer des contacts, de se faire accepter par des jeunes en révolte, d'inciter un adulte à conserver son emploi. Mais comment ne pas aller trop loin, ni se laisser entraîner sur des terrains glissants où la fonction éducative risque de perdre son sens ? Tout éducateur connaît bien ce genre de situation. L'un d'eux se souvient que, stagiaire, il travaillait dans une cité où régnait la grande délinquance. Pour lier des relations avec des jeunes et gagner leur confiance, il accepta leurs confidences sans manifester la moindre réaction. Ce n'est que trop tard qu'il se rendit compte qu'il était devenu, bien involontairement, par son silence, leur complice.

Le discours qui accompagne cette identification est facilement repérable : c'est le discours de l'appropriation. Il suffit d'écouter tel éducateur/trice parler de "mes petits", de "mon atelier", indiquer combien il/elle "en a", décrire le comportement d'un enfant qui est comme-ci ou comme ça quand "je le prends avec moi". Il n'est pas rare que dans un établissement un éducateur/trice s'approprie un enfant, et le couve d'une affection débordante et jalouse empêchant tout collègue de s'en approcher. Il est devenu une véritable chasse gardée. Ainsi pris dans la demande affective de l'adulte, l'enfant n'a plus que le choix :

– ou de se laisser manipuler,
– ou de prendre le large et d'affronter le rejet de l'adulte.

Correspondant à ce discours, on constate des comportements, des habitudes qui, vus de l'extérieur, surprennent. Ainsi, quelque soit l'âge, le sexe de la personne accueillie, elle est dès son arrivée tutoyée, appelée par son prénom, parfois même affublée d'un surnom ridicule qui l'accompagnera tout au long de sa prise en charge.

Dans une cession de formation, une éducatrice prenait régulièrement la parole pour parler de "son petit Jérome". Comme elle travaillait dans un foyer de C.A.T., je lui demandais l'âge de son petit : "59 ans" !

Dans un autre foyer une psychotique, un peu simplette, avait reçu le surnom de Gertrude. Elle s'appelait Cécile, mais comme il y en avait déjà une le jour de son arrivée, il avait fallu lui trouver un autre nom !

L'"affectif" peut-il autoriser, par voie d'appropriation, toutes les réductions de l'usager à un statut infantile ou à celui de chose manipulée ? Telle est certainement une des questions les plus vives adressées à la fonction éducative. Aimer, se faire aimer ! Combien d'abus ont eu lieu au nom de l'amour ! Toute réserve, toute critique est vaine, immédiatement ressentie comme une attaque personnelle. Comment ose-t-on s'en prendre à celui qui se dévoue ainsi sans compter ! L'amour ne donne-t-il pas tous les droits, comme il ouvre tous les cœurs et toutes les portes ?

Pour l'éducateur soucieux d'un peu de rigueur, il importe moins de chercher à s'en défaire par une attitude distante, impassible (comment imaginer travailler contre ce que l'on est et ce que l'on ressent !)¹ que d'en mesurer le parasitage. Si l'amour ne peut être au fondement de la fonction éducative, il ne s'agit pas pour autant de jouer contre, mais plutôt de chercher à s'en faire un allié.

Les identifications secondaires : Elles s'inscrivent en dérivation de l'identification fondamentale. Nous en distinguerons trois.

1 L'éducateur animateur : nous le connaissons bien, il est toujours là, souriant, décontracté. Grâce à lui tout s'arrange, les situations les plus compliquées trouvent leur issue...dans une partie de foot ou un jeu de groupe. Et la vie continue. Il sait apaiser, rassurer, aussi dans un établissement, est-il particulièrement apprécié, par les enfants et les adolescents, par ses collègues et le directeur.

Il n'a pas son pareil pour profiter de la manne aujourd'hui encore largement distribuée par les caisses d'assurance maladie. Il évolue de voyages aménagés en camps de ski adaptés. Et s'il équipe son atelier de matériel vidéo ou informatique dernier cri, c'est parce qu'il est convaincu que la solution de tout problème réside dans la qualité des médiations qui y sont apportées. De temps en temps, il s'offre une heure de gloire lorsque le rideau retombe sur le spectacle laborieusement organisé : invitation d'une demi-vedette ou scènes d'enfants inspirées des kermesses du temps jadis.

Les enfants aiment ce type d'éducateur qui sait les faire rêver autour d'un projet, les enthousiasmer dans l'effort, les réjouir et les valoriser lorsque l'aboutissement est là. Ces éducateurs aiment les enfants. Ils ne ménagent ni leur temps, ni leur peine pour la réussite d'un projet, et ne sont jamais aussi contents que de les sentir s'engager à leur suite. C'est

---

1. En outre, on est en droit de penser que l'éducateur n'est pas sans savoir quelque chose de ses propres difficultés. N'est-ce pas là une condition nécessaire pour s'intéresser au monde de l'inadaptation ?

donc avec beaucoup de considération que nous nous autoriserons quelques remarques.

Constatons tout d'abord que par rapport à la première identification, l'éducateur animateur a pris soin d'interposer une image dynamique, positive, entraînante. Bien sûr l'enfant doit s'inscrire dans un projet, y trouver sa place et son rôle. Mais il n'est plus pris dans l'immédiateté d'un rapport affectif qui invite au "collage". Cette dimension mise à distance, l'éducateur peut se présenter comme un pôle identificatoire.

Toutefois, ce type d'éducateur ne résout pas la question de la spécificité éducative, il l'évite. En effet, si l'éducatif se superpose partiellement au champ de l'animation, il ne saurait s'y réduire. Qu'est-ce qui de l'un à l'autre marque la différence ? Certes pas l'action ni les réalisations qui, dans un cas comme dans l'autre, sont présentes et ne peuvent donc constituer la spécificité de l'éducatif. C'est donc du côté du langage qu'il faut chercher la différence. Dans l'animation, le langage est un pur moyen de communication. Certes, il peut être à l'origine de quiproquo, de confusions, mais toutes ces distorsions sont susceptibles d'être corrigées. Il suffit pour cela d'un peu de méthode et de bonne volonté.

Ce que l'on méconnaît ici, c'est que le langage est bien autre chose qu'un simple moyen de communication. Son importance dans les processus éducatifs et dans la structuration de la personnalité est occultée. L'animateur n'a que faire de savoir que le langage produit des effets de transposition, de condensation, de déplacement. Mais l'éducateur peut-il, lui, l'ignorer, si tant est que ces effets sont les échos du désir qui agit l'enfant, l'adolescent ou l'adulte ?

2 A l'opposé, il y a "l'intellectuel". Pour lui, tout fait problème. Les horaires d'internat, la répartition des ateliers, les projets d'enfants, tout est sujet à suspicion, critiques, contestations. La plus grande partie de son temps est consacrée à comprendre ce qui se passe, et à y réfléchir. La psychologie, la psychanalyse lui fournissent la manne dont il

a besoin. Il pense que le sort de l'enfant est directement lié à l'interprétation qu'il élabore. Aussi, après avoir fourni un tel effort, ne se contente-t-il pas de parler, il verbalise, il n'explique pas, il signifie !

"L'intellectuel" se présente comme un être souffrant, tiraillé entre sa fonction éducative et sa propension à la révolte intellectualisée. Sa cogitation l'amène en général à rapporter tous les malheurs de l'institution à la responsabilité du directeur ou de l'éducateur-chef. "L'intellectuel" a peu de projets, et s'il en poursuit un, il s'arrange le plus souvent pour rester dans l'échec plutôt que de reconnaître quelques vertus à l'institution ou à son directeur.

Autant "l'intellectuel" est malheureux, hésitant, peu sûr de lui dans l'exercice de la fonction éducative, autant il se fait une haute idée de sa responsabilité vis-à-vis de ses collègues. Ainsi, dédaignant le comité d'établissement (il préfère laisser l'organisation des voyages aux "animateurs") le verra-t-on délégué syndical ou délégué du personnel afin de recueillir les informations qui relanceront sa cogitation.

"L'intellectuel" semble moins sympathique que "l'animateur". Son royaume est plus sombre. C'est un éducateur inquiet, tourmenté. Certes il a bien senti la nécessité de se dégager de l'identification à "la bonne mère". Mais il n'a pu faire mieux que d'y plaquer toute l'épaisseur d'une pensée qui ne s'arrête pas de tourner. Aussi, ne lui reste-t-il plus grand temps pour "faire de l'éducatif". Son malheur dans ce domaine, c'est de vouloir tout expliquer. "L'intellectuel" croit qu'en expliquant il sera compris, et qu'à se faire comprendre, il aidera l'enfant ou l'adulte à résoudre son problème. Combien de fois ai-je admiré les efforts déployés par un enfant pour saisir le sens d'un énoncé d'autant plus confus qu'il se voulait convaincant !

La cogitation, l'explication, la conviction n'ont rien de spécifiquement éducatif. Elles appartiennent tout autant, sinon plus, à des registres divers tels : la philosophie, l'enseignement, le militantisme syndical ou politique. Elles ne sauraient donc fournir une spécificité à l'éducatif.

Là encore, comme dans le cas précédent nous pensons qu'il y a erreur sur la nature du langage, et en conséquence sur la fonction éducative. Rien ne nous dit, en effet, bien au contraire même, comme nous l'avons vu plus haut, que sa fonction première soit de donner du sens. Rien de plus instable, de plus éphémère que le sens qui peut se déployer dans toutes les directions. On oublie trop souvent qu'il a d'abord pour effet d'occulter la dimension signifiante du discours, c'est-à-dire la position désirante de l'être qui parle. "L'intellectuel" néglige qu'avant de permettre à chacun de dire des choses, le langage constitue la possibilité, et la seule, de "se dire", et que telle est sa dimension fondamentale.

3 Quant à la troisième identification, elle réunit les adeptes d'une nouvelle caste : nous les appellerons "les techniciens du social". Elle rassemble tous ceux qui sacrifient aux impératifs de la gestion et s'adonnent à en développer les charmes : mise en place de réseaux, d'outils, de fichiers, etc.

Ces éducateurs travaillent maintenant au niveau des superstructures. Bien sûr, après cela, l'internat paraît bien trivial, de même que les rencontres avec les enfants ou les adultes handicapés. A moins que ce ne soit l'occasion d'un test, d'un bilan qui servira à enrichir les statistiques. Le technicien du social pense que l'accumulation de données lui permettra d'améliorer sa gestion. Il consacre donc une part importante de son temps à remplir des tableaux qu'il étudie avec le plus grand soin. Un nombre croissant d'établissements fait précéder maintenant toute admission d'un questionnaire à feuillets multiples. Des questions reviennent régulièrement. Par exemple : sait-il se laver, s'habiller, manger tout seul, l'énurésie 1,2,3...fois par semaine ? Si au bout d'un an la fréquence a diminué d'un point, c'est une victoire !

Bien entendu, le technicien du social ne pouvait laisser passer à portée de main sans se l'approprier la théorie systémique et la thérapie familiale, travail sur des ensembles fermés et donc objectivables, manipulables. Et les voilà dotés d'un supplément d'identité, celle de thérapeute !

Pourquoi une telle vivacité vis-à-vis des "techniciens" ? Les deux premières identifications secondaires se situent dans le champ de l'éducatif, même si c'est de façon partielle en raison notamment d'une conception du langage insuffisante. Par contre, les "techniciens" ont abandonné toute prétention à l'éducatif. Ils naviguent désormais dans le champ du social, laissant derrière eux, comme relevant d'un temps révolu, la question de la spécificité éducative. Ici, le langage est réduit à un trognon au profit de la mise en place d'outils statistiques performants.

Les "techniciens du social" se situent donc à l'extrême opposé de l'identification éducative fondamentale à la bonne mère. Eux, ont résolu à leur manière le problème de l'articulation de la pratique éducative à l'amour puisqu'ils ont renoncé et à l'un et à l'autre. Ils sont devenus les supports anonymes d'une technicité en fonctionnement. Les extrêmes ayant tendance à se rejoindre, on retrouve chez eux les mêmes impératifs que dans l'identification première : tout savoir, tout contrôler, tout maîtriser. Cependant, de l'un à l'autre, la vie s'est désincarnée.

Comment ne voient-ils pas qu'ils endossent ainsi le costume prêt à porter de l'idéologie technicienne, pour devenir les valets d'une gestion rationnelle du social ? Ceux-là ne sont pas seulement dans l'évitement ou dans la méconnaissance, ils sont dans la négation de l'éducatif. Par leur pratique et leur acharnement à savoir pour mieux gérer, ils évacuent ce qui n'est pas objectivable et qui constitue l'essence même du sujet : la question du désir.

Ils contribuent par cette attitude à développer les forces obsessionnelles, voire psychotisantes à l'œuvre dans la sous-jacence des processus sociaux.

Quelles conclusions pouvons-nous tirer des considérations qui précèdent ?

— Nous constatons que ni l'amour, ni l'action, ni la pensée, ni la gestion ne nous permettent de définir la spécificité de l'éducatif pas plus qu'ils ne nous fournissent le fondement de sa pratique et de son discours.

— Nous voyons aussi que dans les identifications secondaires (à l'animateur, à l'intellectuel, au technicien,) le champ de la pratique est tout ou partiellement déplacé et que corrélativement, nous pouvons constater une erreur dans la conception du langage.

Nous nous proposons donc maintenant, de définir les limites de compétence du champ éducatif, et à partir de là d'en dégager la spécificité. Une fois celles-ci repérées, nous pourrons alors conclure quant à son fondement.

Il nous faudra enfin considérer si, à partir de ce fondement, le langage peut se déployer selon ses deux versants (de l'énoncé et de l'énonciation), et de ce fait, permettre l'élaboration d'un discours authentiquement éducatif.

2) LE CHAMP DE L'ÉDUCATIF

D'un point de vue théorique, on peut avancer que le travail effectué dans une institution se répartit en trois secteurs d'activité[2] :
— un secteur éducatif,
— un secteur scolaire qui se prolonge dans les apprentissages professionnels (en IMPRO), et trouve à s'accomplir soit en CAT, soit en milieu ordinaire,
— un secteur de soins qui peut concerner aussi bien le corps que la psyché.

Ce découpage, toutefois, appelle quelques remarques. En effet, il n'est pas toujours aisé de distinguer ce qui relève de l'un ou de l'autre. Commençons donc par l'éducation et le scolaire.

---

2. Bien entendu cette répartition se vérifie aussi en milieu ouvert.

La fonction impartie à l'éducatif est l'éducation. Certes, mais par là-même on n'a encore rien dit. Si l'on ajoute que l'éducation implique des apprentissages, on a un peu avancé. Mais aussitôt les cartes se brouillent : en quoi ces apprentissages se distinguent-ils des apprentissages scolaires ? Répondre en invoquant des contenus différents est insuffisant puisque c'est l'acte même d'éduquer et d'enseigner que nous essayons de distinguer.

En outre il n'est pas rare que ces deux secteurs développent des apprentissages ou des activités identiques. Une partie de football peut être organisée aussi bien par un éducateur en soirée que par un instituteur pendant la récréation. Les échanges inter-scolaires, les classes de neige, les classes vertes nécessitent un minimum de prise en charge éducative. Réciproquement, l'apprentissage de l'heure, des jours de la semaine, des mois de l'année, relève aussi bien de l'éducatif que du scolaire. On peut en dire autant d'activités de découverte du monde, de la vie, etc.

Faut-il délibérément situer ces activités d'un côté plutôt que de l'autre ? Mais alors selon quel critère ?

Si tel n'est pas le cas, on doit se demander si tout en pratiquant des activités identiques, l'éducateur et l'instituteur font vraiment la même chose ?

Si la réponse est négative, encore faut-il dire en quoi leur pratique diffère.

Notons que depuis quelques décennies, le ministère chargé de l'enseignement a pris l'intitulé : "Education Nationale". Voilà qui ne contribue pas à clarifier les choses, loin de là. Les enseignants se considèrent-ils pour autant comme des éducateurs ? Ont-ils reçu une formation allant dans ce sens ? Peut-être faut-il regretter le temps où l'"Education Nationale" se dénommait "Instruction Publique" ? La mission des enseignants était alors mieux spécifiée : il s'agissait non d'éduquer, mais d'instruire. La distinction éducation/instruction nous paraît mieux fondée et plus claire que l'opposition Education– Nationale/Education Spécialisée.

La répartition des responsabilités entre secteur éducatif et secteur de soins est-elle plus aisée ? En apparence, oui. Mais voyons les choses de plus près.

Selon les établissements, tout ce que l'on est accoutumé d'appeler "petits bobos" est soigné soit par l'éducateur sur le groupe, soit par l'infirmière. Mais les raisons qui président au choix de l'un ou de l'autre restent souvent mystérieuses.

C'est également le cas de ce qui touche à la sexualité. La transformation du corps lors de l'adolescence, l'apparition des règles, leur suivi, la contraception, relèvent aussi bien du domaine de l'éducateur que de l'infirmière, avec cette nuance, qu'il s'agit souvent d'une chasse gardée.

Comme nous venons de le voir, les critères qui permettraient de distinguer l'éducatif de l'instructif et du soin, ne sont pas immédiatement perceptibles, loin s'en faut ! On a bien l'impression au contraire, que l'observation de ces trois secteurs d'activité vient renforcer la complexité de la question posée. Pourtant, il est important de savoir ce qui distingue, non le contenu des actions, mais l'acte même d'éduquer par rapport à celui d'enseigner et de soigner.

Nous percevons là les limites de l'abord phénoménologique qui, s'il analyse la réalité qui se donne, ne prend pas en compte la structure qui la sous-tend. C'est la structure qui nous permettra d'avancer dans notre question, en tant qu'elle nous offre un repérage décisif.

Avançons que s'il est une constante dans la pratique éducative, et qui semble liée à la fonction elle-même, c'est *la rivalité avec les parents*. Rivalité parfois feutrée ou niée, souvent agressive, et qui constitue toujours une pierre d'achoppement à l'avancée du travail.

L'éducateur intervient sur le terrain même des parents, en substitut, ou en doublet. Tel est son champ d'activité.

Pour tous les parents, la présence de l'éducateur pointe un échec : ils n'ont pas réussi à élever leur enfant de telle sorte qu'il s'inscrive dans les normes sociales. La mesure de placement, prise en Commission Départementale de l'Education Spéciale, signe leur incapacité, et entraîne souvent un sentiment dépressif d'insuffisance, voire de déchéance.

Certains parents sont prêts à accepter n'importe quel placement, à contre-signer tous les projets éducatifs proposés avec d'autant plus de facilité, soit qu'ils se dédouanent de leur culpabilité, soit qu'ils désinvestissent un enfant qui ne peut plus que leur renvoyer un échec.

D'autres craignent que l'éducateur/trice accapare leur enfant. Ils vont défendre leur peau de "bons parents" en investissant de façon inquisitrice des domaines tels que : la nourriture, l'habillement, les horaires de transport, les médicaments, etc. L'équipe éducative devra faire face à une agressivité latente, à des initiatives prenant le contre-pied de leur projet. Ce sont également ces familles qui demandent des autorisations d'absence afin de courir les spécialistes. Tout faire et plus encore, et bien sûr au-delà de la prise en charge de l'établissement.

Entre ces deux cas extrêmes, se déclinent toutes les attitudes : du père distant ou absent, à la mère reconnaissante, si reconnaissante même, qu'il devient évident qu'il s'agit d'une formation réactionnelle à son agressivité.

Dans tout cela, l'enfant est un enjeu. Peut-il faire plaisir à l'un sans mécontenter l'autre ? Dans une telle situation de conflit, latent ou ouvert, il adopte souvent la solution la plus intelligente : ne pas bouger !

La question de la rivalité entre parents et professionnels est certainement l'une des plus difficiles à traiter dans un travail institutionnel. Néanmoins elle conditionne l'évolution (ou la stagnation) de l'enfant. Elle aboutit à ce paradoxe : *l'élément qui vient signer que l'éducateur intervient bien dans le champ de l'éducatif, constitue simultanément ce qui empêche l'enfant d'évoluer.* L'éducateur serait-il réduit à l'impuissance du fait même d'être éducateur ?

Remarquons que cette rivalité inhérente à l'acte éducatif est absente des domaines de l'instructif et du soin.

L'instituteur ne se situe pas sur le terrain familial. Bien au contraire, il prend le relais des apprentissages familiaux dans le champ de compétence qui est le sien. Il jouit d'une délégation, médiatisée par le corps social, de sorte que les parents s'en remettent à lui pour les acquisitions scolaires. En règle générale, ils font même collusion avec l'instituteur. Si l'enfant ne réussit pas, c'est qu'il ne travaille pas. Bien sûr, l'instituteur peut-être accusé de négliger l'enfant, d'en faire sa tête de turc, son bouc émissaire. Mais même dans ce cas, le principe de la délégation n'est pas remis en question. C'est l'instituteur dans sa pratique qui est contesté.

Remarquons qu'en France, comme dans la majeure partie des pays, ce relais est pris à l'âge de six ans, avec l'entrée en cours préparatoire[3]. Ce n'est certainement pas un hasard. En effet, c'est l'âge où le complexe d'Œdipe touche à sa fin[4]. Les investissements libidinaux qui se sont portés sur la mère, puis sur le père déclinent et sombrent sous le poids du refoulement. La pensée dégagée de ses incitations pulsionnelles, se trouve alors libre pour de nouveaux investissements.

Le déclin de l'Œdipe est donc la condition d'entrée dans les apprentissages scolaires. Tel est le critère spécifique du secteur instructif, qui travaille avec la pensée[5]. Nous ne saurions donc trop nous méfier des tendances visant à anticiper ces apprentissages, et qui sont l'occasion d'échecs retentissants aussi bien qu'incompréhensibles.

Pour cerner le domaine où fonctionne le soin, nous partirons d'un exemple.

Une jeune fille de 16 ans environ, fort jolie, assez aguicheuse, fait une chute malencontreuse en descendant les escaliers et tombe sur la partie rebondie de son anatomie. Elle se relève contusionnée et en proie à une angoisse due à

---

3. L'école maternelle n'entre donc pas dans ce registre.
4. *Cf* 1° Partie, chapitre 3.
5. Sur la naissance de la pensée, voir l'article de Freud : la Dénégation, et les commentaires de J. Hyppolite et de J. Lacan dans les *Ecrits*, Seuil, 1966.

sa chute. Ce soir là c'est un éducateur qui est de service. Dans un premier temps il pense lui donner un tube d'onguent pour se masser la partie endolorie. Mais l'angoisse est telle qu'il y renonce. La jeune fille a besoin de réconfort et de soins, le massage s'impose. L'éducateur hésite un instant, sentant une gêne l'envahir. Va-t-il effectuer lui-même ce massage, ou l'accompagner à l'infirmerie ? Cette historiole n'introduit pas une question d'école. Une telle situation est fréquente même si on hésite à le reconnaître, plus encore à en parler. La gêne ressentie vient faire signe – signal d'alarme même -, mais de quoi ? Elle indique, sous une forme qui ne trompe pas, que l'éducateur est sur le point de franchir une barrière : celle de la pudeur. De quoi protège-t-elle ? Non pas de la nudité en tant que telle, mais de son investissement sous une forme érotisée. La pudeur constitue l'ultime barrière face aux motions incestueuses. Par là-même, nous saisissons le critère qui permet de délimiter le domaine des soins. *Le champ de compétence du soin se situe là où l'hypothèse d'une érotisation de la nudité est levée, c'est-à-dire là où la question de la pudeur, par principe, ne se pose pas.*

A cette suspension correspond dans le champ des soins psychologiques la règle d'abstinence. Il est exclu que le thérapeute noue des liens affectifs dans la réalité avec son patient qui en conséquence peut "tout dire", la pudeur exigée par les relations sociales étant en quelque sorte mise entre parenthèses.

Reprenons les conclusions auxquelles nous sommes arrivés :
– Le champ de l'éducatif s'inscrit sur le même terrain que l'activité parentale.
– Il est bordé d'un côté par la pudeur, de l'autre par le déclin de l'Œdipe et l'entrée dans les apprentissages.
Nous en concluons qu'*il est co-extensif au complexe d'Œdipe.*

L'essentiel de l'éducation est en place lors du déclin de l'Œdipe. Bien sûr, elle se poursuit ultérieurement mais ne revêt pas, même à l'adolescence, le caractère décisif que nous lui connaissons pendant l'Œdipe. *L'éducation spéciale donc a pour fonction de reprendre ce qui s'est mal joué pendant cette période infantile voire d'aménager ce qui ne s'y est pas joué du tout*[6].

3) ÉDUQUER SANS EFFORT

Si le champ de l'éducatif correspond bien au complexe d'Œdipe, comme nous l'avons montré, il nous est aisé d'en déduire que *l'acte éducatif se fonde sur ce qui constitue le mouvement tournant de l'Œdipe, soit la métaphore du Nom du Père*. Tout ce qui favorise l'entrée dans le langage, et par conséquent l'émergence du désir peut être dit éducatif. En revanche, tout ce qui maintient le sujet dans les rets des motions pulsionnelles incestueuses lui tourne le dos. "La castration veut dire qu'il faut que la jouissance soit refusée, pour qu'elle puisse être atteinte sur l'échelle renversée de la Loi du désir"[7]. L'éducateur, dans sa fonction, représente l'exigence inscrite dans cette phrase. On peut mesurer au poids de chaque mot toute la grandeur de sa tâche, mais aussi la redoutable difficulté qui attend ceux qui s'y risquent. En effet, si la métaphore du Nom du Père constitue le fondement de cette fonction et son critère distinctif, il s'en suit que *l'éducateur doit représenter le mouvement de conversion qui s'y joue, c'est-à-dire le passage du désir de la mère qui vise la jouissance, au Nom du Père qui ouvre au désir*. Ce faisant, il est immédiatement renvoyé à sa propre castration. Est-il capable d'énoncer en son nom un "oui" ou un "non" qui fasse tranchant ? Et ce, sans biaiser, sans circonlocutions inutiles, sans s'abriter derrière l'équipe, les sacro-saintes règles, les diverses médiations ou artifices, les

---

6. Comme c'est le cas dans la psychose.
7. J. Lacan,"Subversion du sujet et dialectique du désir", Seuil, 1966, p. 827.

préjugés et les préventions. Un "oui" ou un "non" qui ne s'alimente pas à la soupe étouffante des bonnes intentions, des pieux dévouements, ou des vœux charitables, mais qui, tout au contraire, se fondant sur la métaphore du Nom du Père sait ne donner que du rien, le rien de sa propre castration, signe du véritable amour, qui n'est autre, comme l'enseigne Lacan, que d'offrir ce qu'on n'a pas !

Comme on peut le constater, le fondement de l'acte éducatif n'a rien à voir avec l'amour de possession, pas plus qu'avec l'action, la pensée, encore moins avec la gestion[8]. L'éducateur doit incarner une position dans la structure symbolique en tant qu'il est celui dont la fonction se réfère directement à l'opération de la métaphore du Nom du Père. *Il est garant de la Loi, mais d'une Loi qui commande de désirer par l'exercice du langage.* Il est ainsi identifié au Père Symbolique, c'est-à-dire à ce signifiant singulier qui nomme ce qui mobilise le désir de la mère.[9]

Ce n'est que dans un temps logiquement second, et dans un tout autre registre (le registre imaginaire), que l'éducateur/trice pourra jouer, selon sa sensibilité, le rôle social dévolu à l'homme ou à la femme et offrir à l'enfant ou à l'adolescent un pôle identificatoire.

Cette distinction entre une identification au Père Symbolique, renvoyant à la métaphore du Nom du Père, et des identifications imaginaires, permet de faire un sort à une répartition des tâches entre éducateur et éducatrice, qui relève encore trop souvent du contre-sens. Dans beaucoup d'institutions, et en particulier dans les foyers où travaillent les fameux couples éducatifs, il incombe à l'homme de représenter la loi, de faire respecter les règles, de s'occuper des stages, tandis que la femme a pour mission d'offrir un lieu de maternage, de confidences, de s'occuper du foyer. On voit tout de suite combien cette répartition passe à côté de la question. Avant de chercher à incarner un pôle masculin ou féminin, l'éducateur homme ou femme doit d'abord se

---

8. *Cf* 2° partie, ch 1 et 2.
9. Sur ce point nous renvoyons au chapitre consacré au complexe d'Œdipe.

fonder dans la dimension du symbolique, *c'est à dire être éducateur*. Ce n'est en effet que par la mise en place correcte de ce registre que l'enfant ou l'adolescent peut se dégager de la jouissance fallacieuse dans laquelle il se complaît.

Nous avons dit que c'est dans un temps "logiquement second", qu'intervient l'identification imaginaire. Cette expression demande à être expliquée. En effet, le Père Symbolique n'existe pas en soi, de façon désincarné. Il est "présentifié" dans la réalité quotidienne au travers de l'éducateur ou de l'éducatrice qui assument leur fonction symbolique. Dans cette réalité, ils jouent différents rôles (identifications imaginaires) selon leurs goûts et leur sensibilité. Ainsi tel éducateur assumera de façon plus virile que tel autre son image d'homme, telle éducatrice aura une propension à l'action sportive ou culturelle, telle autre se sentira plus à l'aise dans la réflexion, ou dans la gestion des choses. Tout cela est susceptible d'enrichir la réalité quotidienne des enfants et de leur offrir autant de pôles identificatoires. Mais la fonction éducative ne sera assumée qu'à la condition que ces identifications imaginaires se fondent et s'articulent sur l'identification symbolique, celle que nous avons nommée "position dans la structure".

Ainsi, le lecteur comprendra-t-il qu'il serait hors de propos de détailler les différentes tâches éducatives, pas plus ne chercherons-nous à montrer comment les remplir. Nous serions là dans le registre du pur contre-sens. Une "position dans la structure" cela ne s'explique pas, ne se démontre pas, cela se tient. Non pas bien sûr au sens d'un forçage, à l'image de celui qui, bandant tous ses muscles, résiste seul envers et contre tous. Non ! Cette position, on y est ou on n'y est pas. On accepte d'y être, ou on sacrifie l'exercice d'une fonction, la plus admirable, à ses passions.

Cet "y être" renvoie à la castration, et nous reviendrons sur ce point.

Tenir cette position veut tout simplement dire qu'elle soit présente dans l'acte d'énonciation, quelque soit le contenu du discours.

Avant de quitter ce chapitre pour en venir à la question du discours éducatif, posons-nous la question suivante : l'importance que nous accordons à cette identification symbolique est-elle un trait spécifique de cette profession ? Nous répondrons : oui ! Oui, pour autant que *c'est la seule dont le champ de compétence soit co-extensif à l'Œdipe.*

– L'instituteur, nous l'avons vu, prend un relais au-delà de la période œdipienne. On ne voit pas pourquoi une personne ayant court-circuité la question du désir, tel le psychotique ou le pervers, ne dispenserait pas un enseignement de qualité !

– Nous en dirons de même du soignant dont seule, la compétence est exigée, quelque soit sa structure de personnalité.

Par contre, il nous paraît problématique qu'une personne qui est restée en deçà, ou sur les bords de l'Œdipe, puisse exercer sans autre, la fonction éducative pour autant qu'elle se fonde sur ce qui est au cœur de ce moment décisif : la métaphore du Nom du Père. *Comment quelqu'un qui n'a aucune idée de la castration, ou qui n'en voudrait rien savoir pourrait-il faire profession de la représenter ?*

Ce qui précède nous permet de reprendre la constatation formulée dans notre introduction : "tout se passe comme si l'éducateur dans l'exercice de sa fonction rencontrait quelque chose de si difficile, de si exigeant,qu'il ne pouvait s'empêcher de reculer pour éviter l'obstacle"[10]. Ce qu'il rencontre c'est la castration et l'exigence d'une confrontation avec le Père symbolique. Qu'il recule, et le voilà qui se réfugie dans l'identification à la "bonne mère", ou aux identifications secondaires (à l'animateur, à l'intellectuel, au technicien) sur un mode phobique[11].

Aussi, proposerons-nous pour clore ce chapitre l'hypothèse suivante :

---

10. Avant-propos, p. 8.
11. Dans la phobie, le sujet est identifié à sa mère et comme elle, cherche à éviter la confrontation avec le signifiant paternel.

– si la structure hystérique, qui accentue la capacité du sujet à s'identifier à l'autre, et en particulier à l'autre souffrant, prédispose à s'engager dans les professions soignantes,

– si la structure obsessionnelle, en investissant la pensée comme mode de défense contre le désir, favorise l'éclosion des carrières instructives,

– *la structure phobique, elle, de par son mode d'attraction tout autant que d'évitement de la fonction paternelle, lieu d'émergence du désir, constitue sans doute un terrain d'élection pour les vocations éducatives.*

4) LE DISCOURS ÉDUCATIF

Dans un article tout à fait intéressant[12], L.Israël montre comment un enfant accède au langage. Non pas comme on le croit trop souvent de façon progressive, harmonieuse, mais au travers de difficultés et d'avatars qui passent en général inaperçus. Dans cette évolution, L.Israël distingue trois étapes :

– Dans la première, l'enfant baigne littéralement dans le langage maternel. Il ne peut que le répéter, ce qui explique la fréquence des redoublements de syllabes dans le babil. A ce stade, "la mère apparaît comme le don permanent de tout ce qui est bon et agréable et que l'on apprendra plus tard à désigner comme amour maternel"[13].

– Le second temps voit apparaître le père dont la simple présence apporte les amorces de rupture. L'enfant va devoir revisiter les signifiants maternels en tenant compte de ce qu'il en fait. "Qu'une autre personne, le père, entende autrement la parole maternelle, a pour l'enfant valeur de révélation, même si cette révélation et ses effets restent longtemps inconscients. Le langage est déstabilisé mais en

---

12. L. Israël, "Le deuil de l'objet perdu", Apertura, 2, 1988, pp. 25-34.
13. *Ibid.*, p. 28.

même temps affranchi du sens unique que lui imprimait jusqu'à présent la mère"[14].

– Le troisième temps est celui de l'acquisition d'un langage personnalisé. L'enfant s'est dégagé du langage maternel univoque (un mot pour chaque chose), pour s'ouvrir à la polysémie signifiante soit, le jeu avec les mots dans le cadre d'un langage socialisé.

Il n'est pas difficile de remarquer que l'acquisition du langage ainsi décrite s'effectue selon un trajet analogue à celui parcouru par l'enfant pendant l'Œdipe. Rien d'étonnant à cela si l'on considère que le mythe d'Œdipe n'est que l'habillage imaginaire de ce qui est inscrit dans le fonctionnement même de la structure.

C'est dans l'ordre du besoin que s'exprime tout d'abord la demande de l'enfant : nourriture, propreté, endormissement. Ainsi, par exemple, lorsqu'un enfant accepte la nourriture que lui offre la mère, il accède à la demande de celle-ci : "laisse-toi nourrir", et s'identifie dans son corps à l'objet de cette demande. Il réalise ainsi "l'inceste" en donnant à la mère le phallus, soit ce qui lui manque.

Mais il arrive, et fort heureusement, que l'enfant ne puisse pas répondre à la demande. Il s'imagine alors que la mère s'absente pour un autre objet qui fait limite à toute demande et garantit l'impossibilité d'y répondre complètement. Dans le mythe d'Œdipe, cet objet est associé à la figure du Père. Dans la structure, il n'est autre que le phallus, soit ce qui assure l'incomplétude du symbolique[15].

L'accès au langage oscille donc entre deux pôles :

– d'une part, l'aliénation dans le discours maternel sachant que l'enfant n'a là d'autre choix que d'accepter le sens impliqué dans la demande maternelle.

– d'autre part, la séparation qui lui permet d'accéder à une existence propre.

---

14. *Ibid.*, p. 27.
15. Pour reprendre le titre de l'ouvrage de G. Le Gaufey, *L'incomplétude du symbolique,* de René Descartes à Jacques Lacan. E.P.E.L., 1991. Rappelons que le phallus désigne le manque.

De l'aliénation à la séparation apparaît le manque. Le père focalise sur lui la jouissance de la mère qui, n'étant plus disséminée sur l'ensemble des mots, libère le langage. Il chasse l'enfant de cet Eden mortifère où les mots de la mère le retenaient comme une mouche sur du papier glu. Il assure le manque en l'Autre de sorte que l'enfant peut ne plus se complaire dans une position phallique où il ne manquerait de rien.

L'existence d'un manque dans le discours constitue bien le critère distinctif qui permet d'indiquer que l'on se trouve sur le versant du désir, c'est-à-dire dans le registre même qui fonde la fonction éducative. Où et comment allons-nous repérer ce manque dans les différentes modalités du discours ?

Dans un premier abord nous distinguerons deux modalités principales : l'impératif et l'interrogatif.

Prenons l'impératif comme ce qui se rapproche le plus du mode d'attribution[16] des premiers signifiants. Nous en mesurons la puissance, à l'effort qu'il faut déployer dans le jeu de "Jacques a dit" par exemple pour résister à l'injonction. C'est que l'impératif présuppose un savoir sur le désir. "Parce-que je sais, tu dois..." . Les aphorismes énoncent un savoir universel qui se présente sous la forme de généralités du type : "on ne mange pas avec ses doigts" ou "la soupe fait grandir". On ne sait pas qui énonce, c'est le règne de l'impersonnel, ce qui amène G. Pommier à parler d'un "énoncé sans énonciation"[17]. L'aphorisme est plein, fermé sur lui-même, il n'attend rien, il ne suppose personne. Cette complétude évoque la jouissance qui est en jeu dans la psychose.

---

16. L'attribution est à considérer ici comme le sens que la mère donne aux premiers signifiants émis par l'enfant. D'une façon plus générale la formule "vous pensez que..." illustre bien ce terme. Pour plus de détails sur ce qui suit, on peut consulter : G.Pommier, D'une logique de la psychose, Point Hors Ligne, 1983.

17. G. Pommier, *ibid*, p. 54.

A l'opposé, le mode interrogatif implique que quelque chose le déborde. Il est ouvert, comme le point d'interrogation, et attend une réponse. L'interrogation est par définition habitée par le manque, elle en est même l'aveu. C'est pourquoi, quel que soit son contenu, de la plus savante à la plus banale, elle vaut d'abord par son énonciation qui atteste du manque[18].

Entre ces deux positions, il n'y a pas d'intermédiaire en dépit de tous les aménagements apparents offerts par le langage. Tout énoncé d'ordre attributif peut-être considéré comme un commandement qui ne demande qu'à s'inscrire en un aphorisme. Dès que l'on quitte le champ de l'attribution et donc de l'universel, on entre dans celui de l'existence qui ne se supporte que d'un manque.

Ces deux modalités, prises isolément, constituent des voies sans issues. L'impératif n'assure pas sa place à celui qui l'énonce, encore moins à celui à qui il s'adresse. Quant au mode interrogatif, le renvoi d'une question à une autre met en place une régression à l'infini semblable à celle de l'enfant qui réitère ses "pourquoi" même si la réponse est donnée et ce, jusqu'à épuiser les plus patients. Que cherche-t-il ? A savoir si la série des signifiants a une fin, c'est-à-dire si un signifiant vient faire butée au cours indéfini de la chaîne.

La question se précise donc, de savoir comment passer de l'aliénation, qui renvoie à l'impératif, à l'interrogation qui soutient le manque et donc l'existence du sujet, tout en assurant un point d'arrêt au défilé des signifiants.

C'est la *dénégation* comme mode de "dire que non" à une régression à l'infini qui nous permettra de répondre à cette question. Dans le mode de discours le plus fréquemment utilisé, les jugements d'attribution et d'existence se succèdent. Ainsi, Freud nous rapporte cette remarque d'une patiente : "vous demandez qui peut être cette personne dans

---

18. Inscrit dans le symbolique sous le signe du phallus, le manque soutient le champ des névroses.

le rêve, ma mère ? Certes non ! ce n'est pas ma mère". On voit bien ici comment s'articule :

– un jugement d'attribution : vous pensez que cette personne est ma mère,

– un jugement d'existence : certes non !

On peut remarquer que la négation n'est pas toujours nécessaire pour marquer le mouvement de la dénégation[19]. On le repère très bien par exemple dans une phrase comme celle-ci : "Si ce Monsieur est éducateur spécialisé, je suis le pape" ! On y retrouve :

– un jugement d'attribution : ce Monsieur est éducateur spécialisé,

– un jugement d'existence : (alors) je suis le pape !

Dans la dénégation, l'attribution à caractère universel est donc modalisée par *un jugement d'existence au moyen duquel le sujet énonce la position de son être*. On mesure, ici, la distance qui sépare ce mode de discours de l'impératif. Rien de commun entre la mère qui dit à son enfant : "mange ta soupe" moyennant quoi tout son monde ne sera bientôt plus qu'une soupe à vomir, et celle qui lui dit " la soupe ça fait grandir, veux-tu manger ta soupe" ? Par sa question, elle reconnaît un manque dans son savoir, qui invite l'enfant à formuler un jugement d'existence : peut-être n'a-t-il pas envie de grandir aujourd'hui, sans doute a-t-il de bonnes raisons pour cela ? Du côté du fils, l'interrogation va susciter une avalanche de questions : "que me veut-elle avec cette soupe" ? "En effet, ai-je envie de grandir ? Pourquoi oui, pourquoi non" ? Bien sûr il eût été possible de s'engager sur la question de savoir si la soupe fait réellement grandir. On aurait alors parlé des vitamines, des vertus reconstituantes d'une bouillie bien épaisse, etc. On serait passé à côté de l'essentiel, c'est-à-dire d'une interrogation sur l'être même de l'enfant.

Nous pensons que le discours éducatif trouve son expression achevée dans la formulation d'un jugement d'attribution énoncé de telle sorte qu'il appelle de l'autre un

---

19. G. Pommier, *ibid*, pp. 42-43.

jugement d'existence. Ce dernier, intervenant souvent sur le mode d'une dénégation, livre la position de l'intéressé.

Une jeune fille placée dans un foyer depuis quelques mois, vient se planter devant son éducatrice en lui demandant : "est-ce que je suis bien peignée" ? Comme manifestement elle avait fait tout ce qu'il fallait pour susciter une réaction plutôt vive, la réponse ne manqua pas : "va te repeigner !" Furieuse, elle s'enferma dans sa chambre jusqu'au lendemain soir. Son patron l'attendit toute une journée, puis ne la voyant pas davantage venir le jour suivant, la renvoya. Petites causes, grands effets. Toute la difficulté de la fonction éducative réside dans la capacité à saisir au vol ces petites phrases, questions inquiètes sur une identité fuyante et d'y apporter une réponse compétente, c'est à dire, qui énonce la parole requise par la situation.

Rien ne dit que la réponse de l'éducatrice ait été décisive. Enervée par la provocation, elle anticipait trop bien la réaction du patron. Si elle avait pu s'en dégager peut-être aurait-elle imaginé une réponse qui renvoie la balle dans son camp :
– jugement d'attribution : tu sais que ton patron n'apprécierait pas cette coiffure.
– réponse, jugement d'existence décidant de la position de la jeune fille : si elle est du style, "mon stage, je n'en ai rien à f... !", un nouveau jugement d'attribution viendra faire butée, appelant une réponse de la jeune fille qui déterminera sa position : "tu sais que l'on ne peut rester au foyer sans faire de stage."

La réponse de la jeune fille sera considérée avant tout comme une demande :
– Est-ce que je veux rester au foyer ?
– que faut-il faire pour rester chez un patron ?
– pourquoi est-ce que je fais tout pour me faire renvoyer ?
– pourquoi est-ce que je ne veux plus y retourner ?

Mais dans tous les cas, cette demande ne peut s'énoncer qu'à la condition qu'elle ne soit pas confrontée à un savoir absolu.

On pourra objecter que la loi s'énonce sur le mode de l'impératif. Apparemment en effet, mais est-ce si sûr ? Dans les religions monothéistes, dans le judaïsme, dans le christianisme, les commandements sont énoncés sous la forme d'un impératif : "tu ne tueras point, tu ne commettras pas d'adultère etc. "Pourquoi ? Parce que ces injonctions s'adressent précisément à des personnes susceptibles de commettre le meurtre ou l'adultère. En fait, la Loi répond ici à une question implicite qui est supposée par la forme négative de l'impératif. C'est parce que le désir de meurtre ou d'adultère est présent dans l'inconscient, que la Loi intervient, mais toujours trop tard. Son énoncé même est une reconnaissance du désir interdit. Par son articulation dénégative, elle fait réponse au désir de meurtre (du père) et d'adultère (avec la mère ou un substitut métonymique).

D'un point de vue éducatif, cette constatation est importante. Combien d'éducateurs sont gênés à l'idée de devoir rappeler la Loi. Ils ont l'impression de jouer au père fouettard. C'est qu'ils ne peuvent la concevoir autrement que comme un pur et simple impératif, abstrait, désincarné, souvent incompréhensible pour les enfants. Ils ne la manient qu'avec circonspection et prudence, de façon allusive, en l'expliquant longuement, voire en la justifiant. Tout juste s'ils ne s'excuseraient pas ! Or *la Loi ne s'explique pas, elle s'énonce.* L'expliquer est déjà une incitation perverse à sa transgression. C'est ouvrir la porte à l'idée qu'elle pourrait être mal comprise, mal interprétée, sujette à caution, bref discutable. Ces éducateurs là commettent une double erreur :

– D'une part ils confondent la Loi et les règles. Il n'y a pas grand rapport de l'une aux autres. La Loi est unique : c'est l'interdit de l'inceste, soit de tout ce qui ramène l'enfant comme l'adulte dans les rets de la jouissance. Le meurtre du père y est impliqué au plus intime pour autant que c'est lui qui y fait objection. La jouissance qui se réalise suppose son élimination. Cette Loi ne relève pas de notre monde, bien au contraire elle le fonde. Elle ne saurait donc être discutable qu'à sombrer du même coup dans la folie.

Ce père qui interdit l'inceste, le législateur, n'est autre que le père symbolique, soit le père déjà mort[20]. L'interdiction arrive toujours trop tard, le commandement ne peut qu'interdire un meurtre déjà commis.

Les règles n'ont rien de commun avec la position fondatrice du père symbolique et de la Loi. Elles constituent un ensemble de principes sur lesquels une communauté s'est entendue pour fonctionner de la meilleure façon possible. Comme telles, elles sont discutables, révisables, amendables. Une seule exigence : qu'elles soient en cohérence avec la Loi fondamentale de l'interdit de l'inceste. Plus une communauté est capable d'aménager ses règles pour améliorer son fonctionnement et plus elle fait preuve de maturité.

— D'autre part, ces mêmes éducateurs ne conçoivent pas que la Loi n'est que l'envers du désir. L'une et l'autre sont indissolublement liés et articulés par la dénégation. C'est parce que la jouissance est interdite sous le toit du père que l'enfant peut la chercher ailleurs. La dénégation a pour fonction d'accueillir à la conscience des représentations pulsionnelles incestueuses inconscientes, sous réserve qu'elles aient été déniées, c'est à dire qu'elles soient énoncées comme ne concernant pas le sujet. Reprenons le texte de Freud déjà mentionné : "La façon dont nos patients présentent ce qui leur vient à l'esprit pendant le travail analytique nous donne l'occasion de faire quelques observations intéressantes : vous allez maintenant penser que je vais dire quelque chose d'offensant, mais je n'ai réellement pas cette visée. Nous comprenons que c'est justement le refus de ce qui vient juste d'émerger par projection. Ou : vous demandez qui peut être cette personne dans le rêve. Ma mère ? Ce n'est pas elle ! Nous rectifions : donc, c'est sa mère. Nous prenons, nous, la liberté, lors de l'interprétation, de faire abstraction de la négation, et d'extraire le pur contenu de ce

---

20. *Cf* S. Freud, *Totem et tabou*, Petite Bibliothèque Payot, 1977. Ce point sera développé dans notre 3°Partie, chapitre 1.

qui lui est venu"[21]. C'est parce que la pensée du meurtre du père est déjà présente qu'elle ne peut devenir consciente qu'à la condition d'être déniée.

Nous pensons que la dénégation ainsi conçue constitue l'articulation essentielle du discours éducatif. Nous l'avons déjà fait valoir précédemment dans la réponse donnée à la jeune fille : "tu crois que l'on peut rester au foyer sans faire de stage, certes non !" Sous-entendu, il n'est pas possible de rester toute la journée dans sa chambre à faire tourner des idées régressives, ou à rêver qu'on va séduire le monde entier, pensées tout aussi "incestueuses" l'une que l'autre.

Une jeune éducatrice qui organisait un atelier d'initiation au scolaire se plaignait qu'un des enfants faisait dans sa culotte deux ou trois fois chaque matin. Outre la gêne provoquée par l'odeur, elle devait quitter l'atelier, laisser les autres enfants, et nettoyer les fesses de l'encoprésique à répétition. Elle cherchait du secours auprès de ses collègues, des femmes de ménage, mais en vain. Il ne lui était pas venu à l'idée de lui dire : "tu penses que quand on vient dans mon atelier il est possible de faire dans sa culotte comme un petit enfant. On peut sortir pour aller aux cabinets, mais pas faire dans sa culotte. Veux-tu venir dans mon atelier ?" S'il répond non, c'est que les demandes régressives de maternage sont encore trop importantes. Il est alors préférable qu'il aille sur un groupe de plus petits pour quelque temps. S'il répond oui, il y aura encore des accidents et il faudra aménager des solutions qui tiennent compte de son effort pour abandonner un passé qui lui colle à la peau, mais il aura progressé dans le registre *du désir*.

A l'instar de la Loi, mais à un tout autre niveau, le discours éducatif n'a pas besoin de long développement, ni d'explication détaillée. Ainsi formulé il revêt un caractère performatif qui se suffit à lui même. Tout rajout ne viendrait qu'affaiblir l'injonction et témoigner de la culpabilité de celui qui l'énonce.

---

21. S. Freud, *La Dénégation,* Traduction nouvelle P. Theves et B. This, Le Coq Héron, 1982, p. 11.

En conclusion, nous pensons avoir montré que le discours éducatif se doit d'éviter les pièges de l'impératif (qui sait à la place de l'autre), tout autant que de l'interrogatif (et de sa régression à l'infini). Son mode correspond de façon spécifique à l'énoncé d'un jugement d'attribution qui ménage la place du manque et invite l'intéressé, en réponse, à un jugement d'existence.

Cette articulation est cohérente avec le fondement de la fonction éducative. On peut même ajouter qu'elle en découle directement.

5) LA PRATIQUE ÉDUCATIVE

Ce qui précède nous a permis de mesurer l'importance fondamentale du langage dans la fonction éducative. Reprenons l'articulation qui nous amène à cette conclusion :
 – le symbolique est le lieu où s'inscrit la castration,
 – la castration est la condition d'émergence du désir.

La voie d'accès au désir nécessite d'en passer par le langage, c'est-à-dire par la demande. *C'est pourquoi nous pouvons définir la pratique éducative comme la mise en place de tout ce qui permet à l'enfant d'accéder et de progresser dans les défilés de la demande.* Il importe donc dans un premier temps de bien distinguer l'une de l'autre, la demande et le désir. En effet, il ne suffit pas de dire "je désire la lune" pour sortir du cadre de la demande et accéder en ligne directe au registre du désir. Comment articuler ces deux termes ?

 – La demande, le désir : A peine né, l'enfant est aussitôt aux prises avec un certain nombre de besoins. Nous l'avons vu, à chacun de ses cris, sa mère répond de façon appropriée, ce qui n'exclut pas d'ailleurs un certain tâtonnement, jusqu'à l'apaisement des tensions et le retour au calme. Ainsi, lorsque l'enfant dit "oh", la mère décrète-t-elle "tiens, il a faim". Un autre cri : "je pense qu'il a froid". Un troisième : "le pauvre petit, il a besoin d'un câlin". L'enfant saisira vite la nécessité et l'intérêt de faire entrer ses besoins dans un jeu de signifiants élémentaires. Mais observons bien ce qui se passe alors. Le besoin, à devoir en passer par les rets du signifiant n'est bientôt plus que le support, le prétexte de la demande. Celle-ci, désormais, porte sur bien autre chose que sur la satisfaction du besoin. Elle est demande de présence, plus encore, demande d'amour. Privilège inouï de cet Autre, la mère, chez qui le don pour la satisfaction d'un besoin est en même temps signe d'amour. "C'est par là que la demande annule...la particularité de tout ce qui peut être accordé en le transmuant en preuve d'amour, et les satisfactions même qu'elle obtient pour le besoin se ravalent...à n'être plus que l'écrasement de la demande d'amour"[22]. Une petite histoire illustre bien ce que le signe d'amour a de rebelle à la satisfaction du besoin[23]. Un homme et son fils sont assis à une table. Le père tient dans sa main un jeu de cartes. Le fils demande alors au père : "passe-moi la carte du dessus". Le père, volontiers, la lui donne. Quelques instants plus tard le fils reprend : "je t'ai demandé la carte du dessus" ! Le père, surpris, s'exécute. La troisième fois, il a compris et tend à l'enfant le reste du paquet. Celui-ci a beau jeu alors de lui répondre : "tu vois, tu ne me donnes jamais ce que je te demande" ! Que demande le fils ? Sans aucun doute ce que le père ne peut donner : l'acte même du don comme preuve de son amour. Ainsi, la demande comporte-t-elle en son cœur cette part qui échappe à toute réponse possible. Tel est le désir, de n'être rien d'autre que ce qui reste de la demande une fois qu'il y a été répondu.

Mais que se passe-t-il lorsque la demande est entièrement rabattue sur le besoin, lorsque : "l'Autre qui a aussi bien ses idées sur ses besoins, s'en mêle, et à la place de ce qu'il n'a pas, le gave de la bouillie étouffante de ce qu'il a, c'est-à-dire confond ses soins avec le don de son amour" ?[24] Et Lacan poursuit en soulignant que : "c'est

---

22. J. Lacan, *La signification du phallus*, Ecrits, Seuil, 1966, p. 691.
23. Cette histoire me fut racontée par Guy Le Gaufey.
24. J. Lacan, *La direction de la cure*, Ecrits, Seuil, 1966, p. 628. "Donner ce qu'on n'a pas" n'est autre, selon Lacan, que le véritable amour.

l'enfant que l'on nourrit avec le plus d'amour qui refuse la nourriture et joue de son refus comme d'un désir"[25]. Voilà comment se met en place l'anorexie mentale infantile dont on connaît les effets ravageants sur l'enfant, la mère et le personnel soignant. "Confins où l'on saisit comme nulle part que la haine rend la monnaie de l'amour, mais où c'est l'ignorance qui n'est pas pardonnée. En fin de compte, l'enfant en refusant de satisfaire à la demande de la mère, n'exige-t-il pas que la mère ait un désir en dehors de lui, parce que c'est là la voie qui lui manque vers le désir" ?[26]. Dans ces quelques lignes, et au travers de cette pathologie, Lacan souligne à quel point l'articulation de la demande revêt un caractère vital pour l'enfant. Elle est la condition d'existence du désir. Ou la mère et l'enfant s'abîment dans une forme d'amour mortifère suscitée par l'impératif d'un plaisir immédiat ou, assumant son manque à être, la mère offre à l'enfant ce qu'elle n'a pas, condition de la mise en place de son désir.

Si la fonction éducative a pour fondement la métaphore du Nom du Père, *la pratique éducative se développe dans la capacité de l'éducateur à représenter le Père Symbolique, le père de la Loi qui commande de désirer*. La pratique éducative étant focalisée par cette exigence, il s'ensuit que *tout le travail de prise en charge se trouve investi de la même dignité*. La distinction entre tâches nobles et tâches ingrates devient caduque, la dévalorisation qui accompagne le sentiment d'être débordé par les besognes les plus triviales n'a plus sa raison d'être[27]. La valeur de l'acte éducatif n'est plus déterminée par son objet, qui est souvent de l'ordre du besoin, et donc de la satisfaction. Certes, on peut comprendre qu'il soit plus agréable de participer à une réunion que de "torcher les fesses" d'un enfant. Mais la présence éducative fait acte si elle implique l'exigence d'une

---

25. J. Lacan, *ibid*. La question de l'amour sera reprise dans notre chapitre sur l'éthique éducative.
26. J. Lacan, *ibid*.
27. *Cf*. notre Introduction.

demande, quelqu'en soit l'occasion y compris la plus anodine ou la plus triviale. Cette pratique n'a donc rien à voir avec la juxtaposition d'un ensemble de tâches assurant la continuité de la prise en charge. Elle est d'un autre ordre, et qui en fait sa valeur unique : *être le lieu, l'instance où se garantit que tout besoin trouve à s'énoncer en une demande.*

Il en résulte que la position de l'éducateur consiste moins à être un vis-à-vis de l'enfant, un guide, que *celui qui l'accompagne, le soutient, l'encourage dans sa demande.* Il le pousse, mais à peine, il ne fait pas à sa place, mais il parle avec l'enfant de ce qu'il fait, de ses échecs, de ses réussites, des écueils qu'il lui faudra franchir.

Cette position peut être tenue même avec les cas les plus lourds, les débilités les plus accentuées. A une condition toutefois : ne pas vouloir que l'enfant ou l'adulte progresse à toute force selon les standards sociaux, et savoir repérer la petite avancée dans l'ordre de la subjectivation, celle précisément qu'on n'attendait pas, et qui parfois même ne facilitera pas notre tâche.

Illustrons ce que nous venons de proposer. Il est des enfants qui présentent cette particularité de se tenir à la limite inférieure de l'entrée dans le langage.

Ce sont tout d'abord les enfants qui, sans raison apparente, parlent si mal que les adultes ne peuvent les comprendre[28]. Bien sûr la mère est toujours là pour faire part aux éducateurs des besoins élémentaires de l'enfant et les expliciter de semaine en semaine. Il est fréquent qu'un éducateur prenne le relais de cette mère, et devienne le spécialiste de l'enfant, traducteur d'une bouillie verbale qu'il continuera à déverser en toute quiétude. Est-ce rendre service à cet enfant que de jouer ainsi à l'interprète ? Allons-nous le laisser persévérer dans cette jouissance où il peut impunément faire connaître ses besoins sans avoir à en passer par le langage ? Faut-il se laisser ainsi manipuler par

---

28. Nous n'incluons pas dans ce cas de figure les enfants dont les difficultés de langage ressortissent de troubles physiologiques ou somatiques.

cette toute puissance capable d'obtenir ses satisfactions sans autre médiation que son gargouillis ? On ressent bien au contraire la nécessité pour cet enfant de procéder à un véritable sevrage. De lui dire "Ecoute mon vieux, je vois que tu as des tas de choses importantes à me dire, mais je suis désolé, je ne comprends rien à ce que tu me racontes" ! Bien sûr, il n'est pas nécessaire de le brusquer, il faut faire avec le temps, mais tout de même il s'agit, aussi, de tenir fermement une position .

Dans la même catégorie, on peut également ranger les enfants qui ne sortent de chez eux qu'accompagnés d'une odeur à peu près insupportable. Ils posent à l'institution un problème délicat puisque :

– soit on les laisse mijoter dans leur odeur et ils sont coupés du reste du groupe, voire même des éducateurs auxquels on ne peut demander l'impossible,

– soit on les passe sous la douche, et les voilà mis à nu, privés de leur protection, coupés de leur enveloppe familiale. Les parents ne sont d'ailleurs pas long à réagir : "de quel droit vient-on priver leur enfant de ce signe d'appartenance"?

Dans les deux cas on aboutit à une impasse. Comment en sortir ? Remarquons tout d'abord que cette odeur a un statut particulier. Elle appartient tout autant à la famille qu'à l'enfant , c'est pourquoi on peut la considérer comme un avatar de ce que Winnicott appelle "l'objet transitionnel", et Lacan "l'objet a". Elle représente l'enfant pour la famille et réciproquement la famille pour l'enfant. A ce niveau infra-symbolique, l'odeur vient à la place du sujet qui ne peut se constituer. Il s'agira donc pour l'éducateur de permettre à l'enfant de comprendre que l'appartenance se joue non pas au niveau du réel de l'odeur, mais de la marque (le trait unaire) inscrite dans le symbolique[29]. Comment peut s'opérer cette conversion ? A cette question nous ne répondrons pas, c'est l'affaire de l'enfant. Par contre, la question éducative qu'il importe de se poser est la suivante : *à quelle condition peut-elle s'opérer ?* Et l'on voit bien alors

---

29. *Cf.*1° Partie, chapitre 2, L'introduction du symbolique.

que si l'on entre dans une opposition du style : ou la famille et l'odeur, ou l'institution et la blancheur, on place l'enfant devant un choix impossible. La condition peut donc se formuler ainsi : garantir à l'enfant la possibilité d'un véritable choix en lui assurant, malgré l'odeur, une place minimum viable dans l'institution. L'éducateur peut alors tenir sa position, lui montrer de quoi il se prive, souligner que toute participation à la vie du groupe, toute socialisation est dans ces conditions impossible. Qu'il est bien triste qu'il en soit réduit à des activités solitaires, à prendre ses repas à l'écart des autres et qu'il existe en lui, comme en chacun, une envie d'échanges dont il ne soupçonne pas les bienfaits. Il ne s'agit pas de faiblir sur notre responsabilité éducative, mais de respecter son rythme et surtout la négociation, explicite ou non, qu'il va engager avec sa famille. Pour peu que l'éducateur ne court-circuite pas trop ce moment d'intense remaniement, pour peu qu'il tienne sa position sans état d'âme, on verra l'enfant s'engager dans une réflexion intense, multiplier les signes, solliciter des réunions avec ses parents, inventer des solutions, souvent d'ailleurs progressives, afin de les ménager, et auxquelles nous n'aurions pas pensé. Ces solutions aboutiront, elles seront acceptées par la famille, parce qu'elles n'émanent pas de la volonté de l'éducateur, mais de l'élaboration psychique de leur enfant, et qu'elles intègrent de ce fait et leur souffrance et son désir d'entrer dans un processus de socialisation.

Comme on peut le voir, une des grandes difficultés de la fonction éducative consiste à *se dégager d'une position de savoir*. Pressé par la famille, les travailleurs sociaux, les responsables de l'établissement, la C.D.E.S, l'éducateur se rangera à l'avis de "la vox populi" dont on sait qu'elle dépasse rarement le niveau de l'évidence : bien entendu qu'il est mieux qu'un enfant parle, qu'il ne sente pas mauvais... ! Qui prétendrait le contraire ? Comment ces "belles âmes" font-elles pour ne pas se rendre compte qu'une fois réalisée la somme de tout ce qui serait préférable, on a énoncé, mais pas plus, qu'il serait bien mieux que cet enfant ne soit pas handicapé ! Or, s'il l'est, ce n'est certainement pas sans de bonnes raisons ! De quel droit et au nom de quel savoir prétendrions-nous en connaître sur cet enfant plus que lui-même ? Les exigences de l'Education Nationale, les schémas d'évolution sortis de l'esprit des techniciens de l'éducation spéciale semblent bien dérisoires face au poids de souffrance qui a déterminé le "choix" de la débilité ou de la délinquance. Il ne s'agit pas pour autant de promouvoir une attitude passive ou attentiste, loin de là, mais d'offrir à l'enfant les conditions de son évolution subjective tout en respectant sa position.

Ainsi donc, nous pensons que la pratique éducative qui découle du fondement que nous avons avancé précédemment, consiste à soutenir la demande pour autant que c'est là, la seule possibilité d'avancer dans la voie de son désir.

La fonction éducative nécessite donc de se dégager de la question d'"en savoir sur le bien de l'enfant"[30]. Reste maintenant celle qui consiste à "en savoir sur l'enfant lui-même". Est-ce une aide ou un obstacle à l'exercice de la fonction éducative ?

Entendons-nous bien ! La question n'est pas de nier l'intérêt des informations véhiculées avant l'admission d'un enfant dans un établissement, mais de savoir si elles peuvent l'être en dehors de lui. Autrement dit, est-il souhaitable pour le travail éducatif qui va suivre de connaître des choses sur l'enfant que lui-même ignore ?

Certains éducateurs estiment que toute vérité n'est pas bonne à dire ni à entendre et surtout par l'enfant. Cela concerne en particulier les questions familiales : décès, divorce, disparition, accident... En outre, il ne serait pas pensable de révéler à l'enfant des choses que sa famille souhaite lui cacher. L'éducateur doit-il alors faire le jeu de la famille et cautionner toute une zone d'ombre qui viendra alimenter le symptôme ? Est-il encore éducateur celui qui

---

30. Nous reviendrons plus longuement sur cette question dans le chapitre suivant consacré aux questions éthiques.

accepte de renoncer à une part de vérité ? Que répondra-t-il si l'enfant l'interroge sur ce qu'il s'est engagé à ne pas révéler ?

Nous pensons pour notre part qu'il faut tenir à ceci : que c'est la vérité qui guérit, et qu'à céder sur cet énoncé, loin de ménager l'enfant (splendide alibi !), on se protège sur son dos.

Si la vérité guérit, alors toute vérité est bonne à dire ! Bien sûr, pas n'importe comment, là encore, on peut prendre le temps, associer les uns, les autres, ménager une susceptibilité, mais en fin de compte : dire ! ou au minimum si la situation l'impose, expliquer pourquoi on ne dit pas tout de suite, mais que ça viendra.

La position de l'éducateur n'implique pas qu'il sache tout sur l'enfant. Imaginer quel encombrement du côté de l'éducateur, et quelle paralysie côté enfant ! Comment interroger quelqu'un qui, avant même la question, connaît déjà la réponse ? Bien au contraire l'ignorance de l'éducateur permettra-t-elle l'interrogation de l'enfant, elle servira de point d'appui à son questionnement. Tous deux pourront s'étonner, réfléchir, questionner, bref déplacer ensemble l'obstacle qui empêchait la pensée de progresser. Certes, la pente technicienne adoptée par une grande partie du secteur social ne va pas dans ce sens. Avant même son entrée dans un établissement, l'enfant est évalué, soupesé, son parcours est décrit dans les moindres détails. L'accueil, qui pourrait être le temps d'une rencontre et d'une découverte, est rabattu en une vérification du bien fondé des éléments du dossier. Et l'enfant doit faire preuve d'une grande force de caractère pour oser se présenter autrement qu'il n'a été annoncé !

Thierry, jeune adolescent de quatorze ans, placé en I.M.P. était affecté d'un bégaiement qui rendait son élocution à peu près incompréhensible. L'équipe éducative décida de le placer en stage chez un patron pour tester ses capacités d'adaptation au travail. Un quiproquo entre deux éducateurs amena Thierry à commencer son stage sans avoir été auparavant présenté à son patron. Au bout de huit jours, son éducateur s'enquit de savoir si tout se passait bien. Tout semblait se dérouler à merveille. Thierry travaillait consciencieusement avec application, parfois même il accueillait les clients qui semblaient enchantés de ses prestations. Intrigué, l'éducateur demanda au patron s'il le comprenait bien. "Aucun problème" répondit celui-ci ! L'éducateur eut la discrétion de ne pas insister. L'histoire fit rapidement le tour de l'I.M.P. non sans poser à chacun un sérieux problème. C'était bien parce que la prise en charge avait "foiré" que l'adolescent avait pu évoluer. Heureux quiproquo qui a permis à Thierry de se débarrasser de son bégaiement désormais réservé à l'I.M.P. ! Il semble que la "complétude"[31] des dossiers, le savoir de l'éducateur, risquent fort d'alimenter la pathologie en plaçant l'éducateur sur le même plan que la mère de l'enfant psychotique. Il n'y a en effet que deux solutions possibles :

– déchiffrer les dossiers, se construire une représentation nécessairement objectivante de l'enfant, et l'enfermer ainsi, consciemment ou non, dans des rets dont il ne pourra pratiquement jamais se défaire[32].

– *représenter l'"incomplétude"[33], un trou dans le savoir, et donc la possibilité pour l'enfant d'y articuler un désir. Le non-savoir de l'éducateur est le signe qu'un savoir est en attente de l'enfant, ailleurs et qu'il peut y accéder, accompagné, soutenu par son éducateur.*

Le style de pratique éducative que nous proposons ici, n'est pas sans conséquence sur la conception et le déroulement des synthèses.

---

31. Allusion à l'ouvrage de Guy le Gauffey, *L'incomplétude du symbolique*, de René Descartes à Jacques Lacan, EPEL, Paris, 1991.
32. Sur cette question on peut lire G.Balbo, "Le choix autistique de la bi-univocité contre l'incorporation signifiante", *in La clinique de l'autisme, son enseignement psychanalytique*, ouvrage collectif, Point Hors Ligne, Paris, 1992, p. 195s, dans lequel l'auteur montre "combien les sentencieuses "professies" énoncées par les doctes professeurs médicaux, sur les atteintes psychiques et motrices de cet enfant quand il n'avait que quelques semaines, l'ont conduit à les inscrire à la lettre dans son propre schéma corporel inconscient, pour en donner comme la manifeste et symptomatique confirmation clinique".
33. Guy le Gaufey, *op. cit.*

Celles-ci se pratiquent dans tous les établissements, revêtent à peu près la même forme, et répondent à la même intention. Dans tous les cas, il s'agit d'une réunion de professionnels autour d'un enfant absent, afin d'évaluer sa situation sociale, éducative, psychologique et son niveau d'acquisition. Jamais, au cours de plusieurs années de formation de travailleurs sociaux, personne ne me signala que dans son institution, l'enfant ou l'adolescent pouvait ou devait être présent lors de la synthèse le concernant. Le principe de base est toujours à l'inverse son absence plus ou moins aménagée en fonction du malaise qui en résulte. Schématiquement ces aménagements se ramènent à trois possibilités :

– L'enfant ou l'adolescent est tenu entièrement à l'écart de la synthèse.

– Un compte-rendu est fait à l'enfant ou à l'adolescent par un éducateur après la synthèse.

– L'enfant ou l'adolescent est invité à la fin de la synthèse pour en entendre les conclusions.

A priori les participants à ces formations se montraient tous hostiles à la présence de l'enfant ou de l'adolescent à sa synthèse entière. Les arguments avancés étaient les suivants :

1 Les éducateurs ne peuvent plus échanger librement.

2 Il y a des choses que les enfants ou les adolescents ne peuvent pas entendre, en particulier les éléments apportés par les psychiatres ou les psychologues.

3 Les éducateurs ne doivent pas manifester leurs désaccords devant l'enfant.

4 Les décisions doivent être prises par l'équipe.

Cette réticence des travailleurs sociaux m'a toujours parue suspecte. L'objectivation du sujet, consécutive à son absence, semble reproduire ce qui se passe dans le secteur médical (où le sujet fait place à un ensemble de signes permettant un diagnostic), ou dans celui de l'instruction (où il est objet de notes et d'appréciations). La question se pose donc de savoir si cette manière de faire est cohérente avec la pratique éducative telle que nous en avons dégagé les fondements. Autrement dit, les réticences évoquées plus haut assurent-elles une meilleure élaboration du projet éducatif de l'enfant ou de l'adolescent ou au contraire, préservent-elles l'adulte, et si oui, de quoi ?

Reprenons un par un les arguments énoncés par les éducateurs et qui semblent s'opposer à la présence d'un enfant ou d'un adolescent à sa synthèse, est-il besoin de préciser, s'il le souhaite.

1 *Les éducateurs ne pourront plus échanger librement* : Il est certain qu'un nombre non négligeable de propos tenus par les éducateurs et les autres participants ne pourraient être entendus par l'enfant. Il s'agit, en particulier de toutes les plaisanteries qui tournent sa débilité ou ses troubles du comportement en ridicule, de la façon sarcastique dont les éducateurs ou l'équipe relèvent ses faiblesses sur le mode d'une ironie acerbe, de la façon dont on évoque la problématique familiale. Qui a dû assumer la prise en charge d'enfants en difficulté ne critiquera pas trop rapidement ces moments où la synthèse vire à l'exutoire. La somme de patience, de compréhension, de contrariétés supportées, réclame une détente nécessaire à la poursuite du travail. Deux remarques peuvent cependant être ici formulées :

– D'une part, rien n'exige que la synthèse soit le lieu de ce "défoulement".

– D'autre part, cette fonction d'exutoire serait beaucoup plus utile à la prise en charge si les propos tenus pouvaient être repris dans le cadre de ce que l'on est convenu d'appeler contrôle ou supervision. Débarrassés de leur dimension contre-transférentielle, ils pourraient alors être utilisés positivement pour l'enfant.

Ces échanges sont non seulement inévitables, mais encore bénéfiques, pour autant qu'ils témoignent d'un point de butée dans la compréhension de l'éducateur, qui met en jeu sa capacité à pouvoir accompagner l'enfant dans ses difficultés.

Ce premier argument, loin de constituer un empêchement à la participation de l'enfant à sa synthèse, souligne plutôt la nécessité de distinguer les fonctions qui s'y mêlent.

2 *Les éléments apportés par les psychiatres et les psychologues* : c'est ici un point délicat pour autant que les "psy" sont sensés, au cours d'une synthèse, expliquer le "pourquoi" du comportement de l'enfant, soutenir et conseiller les éducateurs dans leur pratique. Cependant les inconvénients de ce dispositif apparaissent d'emblée !

– des fonctions diverses sont à nouveau mélangées (expliquer une pathologie, soutenir, conseiller),
– les "psy" sont positionnés comme des super techniciens empiétant ainsi sur la compétence éducative,
– le secteur éducatif est placé dans la dépendance d'un savoir "psy".

Il importe ici de distinguer la réflexion qui confronte l'apport "psy" et l'apport éducatif, *à égalité de compétence,* de l'élaboration du projet éducatif. Cette distinction étant effectuée, plus rien n'empêche l'enfant de participer à la construction de son projet.

3 *Les éducateurs ne doivent pas manifester leurs désaccords devant l'enfant* : et pourquoi pas ? Les désaccords font partie de la vie, de ses hésitations, de ses tâtonnements inévitables. C'est d'ailleurs ainsi que pratiquent les enfants dans leurs différents apprentissages. Et lorsqu'ils découvrent que l'adulte ne sait pas tout, ils doivent affronter un moment de vacillation, mais combien salutaire ! L'accord parfait ne peut que renvoyer à la volonté unifiante et arbitraire de la mère de l'enfant psychotique. S'il faut faire un, serrer les coudes, ne présenter aucune faille, l'enfant est en droit de se demander quel danger il peut bien représenter, lui ou ses parents. Il ne manquera pas dans ce cas de lui donner corps dans la réalité sous forme transgressive et parfois violente.

4 *Les décisions doivent être prises par l'équipe* : c'est là une prérogative normale à laquelle on ne peut que souscrire. Mais nous ne voyons pas en quoi la présence de l'enfant viendrait l'entamer ?

Les objections habituellement formulées ne nous paraissent donc pas fondées.
La participation de l'enfant marquerait au contraire :
— que sa parole est prise au sérieux,
— qu'elle ne peut entamer l'autorité de l'éducateur.

Par ailleurs la distinction des trois fonctions (supervision, réflexion, élaboration du projet[34]) ne nous semble présenter que des avantages dont le premier et non le moindre est de rendre l'enfant co-responsable de son projet et de sa mise en place. Toutefois quelques précautions sont nécessaires au bon déroulement de ces synthèses :
— L'enfant ne doit pas comparaître devant un tribunal. Pour prévenir ce risque, il importe que la parole circule dans tous les sens, y compris et même surtout, d'un éducateur à l'autre.
— Sa parole doit être prise au sérieux[35]. Il est un parmi d'autres à réfléchir à la construction d'un projet éducatif. Il se trouve donc dans la nécessité de se dédoubler, c'est-à-dire d'être à la fois le "je" qui réfléchit, et le "celui-ci" pour lequel le projet est élaboré. Nous retrouvons ici une problématique évoquée par Lacan : "combien as-tu de frères ? J'ai trois frères, Pierre, Paul, et moi" [36]. Relevons que la séparation

---

34. *A priori,* on pourrait penser que le remplacement d'une réunion par trois peut entraîner des problèmes d'horaires. La réalité montre que trois réunions bien menées ne réclament guère plus de temps qu'une réunion fourre-tout qui s'étire en longueur.

35. Prendre sa parole au sérieux implique aussi parler de façon à être compris.

36. J. Lacan, Séminaire 11, Paris, Seuil, 1973, p. 24. Repris par Erik Porge, Se compter trois,le temps logique de Lacan, Eres, 1989, qui poursuit p. 11 : "Cette "erreur" n'est pas à attribuer à un quelconque stade enfantin mais relève de la difficulté pour le sujet à se compter, et lui est peut-être inhérente. Elle est la source inépuisable de sketchs à la Raymond Devos...Si je me dis à part moi : "qu'en tout avec moi-même je me montre d'accord"...combien suis-je ?...Je suis un si je pense que je et moi sont

du sujet par rapport à l'instance moïque constitue sans doute le meilleur "antidote" à la débilité, qui procède par massification.

Ce dispositif ne concerne pas seulement les enfants "évolués", ni ceux qui possèdent le langage. De simples aménagements permettent de l'utiliser pour tous les enfants avec profit, pour autant que la position qui leur est proposée (niveau de l'énonciation[37]) prime par rapport au contenu même du projet (niveau de l'énoncé).

Cette exigence dans laquelle prévaut l'énonciation sur l'énoncé, tant dans la position de l'éducateur que dans la place qui est proposée à l'enfant, nous amène à repenser la notion d'autonomie.

Tel est le terme miracle de ces dix dernières années en matière d'éducation. Il figure à la première page de tous les projets, et l'auteur, dans la plupart des cas, prend même la peine de se déclarer plutôt pour. Cependant, la suite du texte laisse en général le lecteur sur sa faim ! L'autonomie y est en fait définie comme la capacité reconnue au jeune ou à l'adulte à s'assumer seul : s'il sait manger, s'habiller, se laver, ce n'est déjà pas si mal, s'il peut se déplacer seul, vivre dans un studio, c'est encore mieux, enfin s'il est capable, en plus, de travailler en milieu ordinaire, c'est tout à fait bien ! S'il en est ainsi, la question qui s'impose est la suivante : en quoi l'autonomie se distingue-t-elle de l'indépendance ?

Selon le Larousse, l'autonomie est la liberté de se gouverner selon ses propres lois. Ce terme qui appartient à l'origine au discours politique, a ensuite été utilisé en morale[38]. Annexé aujourd'hui par le champ éducatif, ce terme a perdu son sens propre pour être rabattu sur celui d'indépendance. Or, étymologiquement, autonomie se

---

identiques. Mais pourquoi alors me dirai-je quelque chose à part moi ? Je suis deux si je compte je et moi. Mais si je décide de compter je et moi alors je dois accepter je (de "je" compte) et moi et je, autrement dit je dois compter je deux fois et ça fait trois. A moins que ça ne fasse quatre car si je est double, s'il est à la fois moi et je, ça fait : je, moi, je double."

37. *Cf* 1° Partie, ch.4.
38. Par Kant en particulier.

rapporte à la loi[39]. Est autonome celui qui trouve sa loi en lui-même. Nous sommes proches ici des idéologies de la liberté dont on sait bien quel est l'aboutissement, à savoir : la psychose !

Quelle est en effet la loi vécue par l'enfant, celle qui le tient durant ses toutes premières années, si ce n'est sa capture imaginaire dans le monde maternel ? Sa loi, c'est de jouir de la mère, se faire l'objet de son désir, se prendre à ses rets, s'y engluer comme dans une toile d'araignée. L'angoisse de l'enfant ne résulte pas du manque d'objet maternel, mais de sa trop grande proximité. L'angoisse naît quand l'appui du manque disparaît[40]. Le plus grand préjudice résulte du manque de manque, avec son cortège de pathologies. Nous l'avons vu[41], l'évolution de l'enfant nécessite, réclame, exige l'Autre de la Loi pour que s'introduise ce par quoi l'enfant ne restera pas l'esclave des besoins sexuels et affectifs de sa mère. Il y a donc lieu, paradoxalement, de concevoir le terme d'autonomie à l'inverse de son sens étymologique comme *l'assujettissement à la Loi de l'Autre*, une loi qu'il faut comprendre comme étant l'autre face du désir. Ainsi, est autonome celui qui, assujetti à la Loi de l'Autre, est capable d'articuler son désir.

Il est possible maintenant de saisir la différence qu'il y a lieu d'établir entre autonomie et indépendance[42].

– l'autonomie (ou son absence) est à situer au niveau du signifiant, de l'énonciation, comme relevant de la position du sujet par rapport au désir de l'Autre.

– l'indépendance en est le signifié, c'est-à-dire qu'elle en inscrit les conséquences dans la réalité, au travers des pathologies et du symptôme.

L'écrasement du concept d'autonomie sur celui d'indépendance doit donc être compris comme un signe et

---

39. Du grec auto : soi-même, et vomos : la Loi.
40. J. Lacan, séminaire 10, *l'Angoisse*, inédit, 1963.
41. *Cf* 1° partie, chapitre 3 et 5.
42. D'une personne handicapée moteur, on dira qu'elle est dépendante, sans que cela ne porte atteinte d'une quelconque façon à son autonomie.

plus précisément comme un symptôme particulièrement grave et préjudiciable au fonctionnement du secteur éducatif, pour autant qu'il s'agit là de faire écran à la dimension du sujet désirant.

On peut le constater, la pratique éducative réclame de celui qui s'y risque, une exigence et une vigilance de chaque instant. Il s'agit donc de tenir une position, d'oser une parole dont on sait qu'elle n'a rien pour faire plaisir.

Saisissons au vol ce dernier mot pour souligner avec force que *le plaisir ne saurait être une vertu éducative*. Quel que soit le côté où il apparaît : enfant, adulte ou éducateur, il y a tout lieu de s'en méfier.

Dans les années qui suivirent Mai 68, le plaisir fut considéré comme une valeur sûre. S'il était revendiqué comme un droit par l'éducateur, c'est qu'il était censé rejaillir sur l'enfant et favoriser ses projets.

Cette vision des choses, pour sympathique qu'elle soit, n'a qu'un défaut, c'est qu'elle relève du mythe.

Du côté de l'enfant, tout éducateur le constate quotidiennement, grandir, croître, apprendre, n'a rien d'une partie de plaisir. Même l'utilisation du jeu ne doit pas faire illusion. L'enfant que Freud observe[43], qui en l'absence de sa mère, joue à faire apparaître et disparaître par-dessus son berceau une bobine attachée à un fil, n'est pas dans le plaisir. Il eût sans doute préféré que sa mère demeurât avec lui, plutôt que d'être obligé de s'initier par son jeu, aux rudiments du symbolique. *L'effort* que doit fournir un enfant pour progresser est de l'ordre d'un arrachement, d'une épreuve douloureuse qui relève plus du parcours du combattant que d'une partie de plaisir. Le plaisir, lui, ne peut intervenir qu'après coup, une fois le parcours réussi. Au reste, il serait plus juste, ici, de parler de joie. Une joie semblable à celle d'un athlète qui vient de remporter une victoire.

Du côté de l'éducateur, nous éviterons d'utiliser ce terme, sachant que la satisfaction (qui n'est pas le plaisir) ne

---

43. *Cf* 1° Partie, ch 5.

peut être que différée. *Eduquer requiert un effort et un seul, celui qui consiste à se tenir aussi près que possible de sa castration.* Il n'est pas sans une certaine souffrance. La joie qui en résulte arrive comme de surcroît.

Enfin, pour clore ce chapitre, il nous semble nécessaire d'évoquer la question du transfert, ou plutôt des transferts que les éducateurs sont appelés à supporter.

Prenons ce terme dans son sens le plus simple, comme la projection sur l'éducateur des figures parentales archaïques.

Pour clarifier la question, demandons-nous, comme au chapitre précédent, comment ce terme doit être appréhendé dans les trois secteurs d'activité d'une institution.

Le secteur de l'instruction se caractérise par le fait que la question du transfert n'y est pas prise en compte. L'enseignement est toujours conçu comme le déversement plus ou moins adapté du contenu d'un vase plein dans un vase vide[44]. A priori les sentiments n'ont que peu à y voir, et peut-être est-ce préférable. Rappelons une anecdote attribuée à F. Dolto : un enfant rentrant chez lui se plaint auprès de sa mère : "Le maître ne s'intéresse pas à moi. Il ne m'aime pas". La mère fine mouche, lui répond : "Ah bon ! il ne t'aime pas, mais est-ce qu'il t'apprend bien ?"

Dans le secteur des soins (thérapie et cure analytique en l'occurrence), la question du transfert est centrale. C'est même là que réside toute l'affaire, pour autant que le ressort de la cure n'est autre que la manœuvre du transfert. C'est pourquoi le cadre, la règle analytique, sont destinés à permettre son élaboration et son travail.

Qu'en est-il dans le secteur éducatif ? Là, l'éducateur est soumis à une multitude de transferts en dehors de tout cadre. Que peut-il en faire ? A priori pas grand chose. Que doit-il en faire ? Rien, ou plus précisément, les supporter sans s'y laisser engluer. De ce point de vue rappelons que la fonction

---

44. Sur ce sujet, on peut lire l'article de : O. Mannoni, "Psychanalyse et enseignement", Un commencement qui n'en finit pas, Seuil, Paris, 1980, pp. 59 - 79.

éducative n'a rien à faire avec l'interprétation. Elle relève d'une position, et de la capacité de l'éducateur à s'y maintenir. L'éducateur intervient toujours dans la réalité. Lorsqu'il se sent interrogé sur un autre mode, il peut toujours renvoyer l'enfant ou l'adulte à un thérapeute, dont le métier consiste précisément à entendre l'enfant dans un autre registre[45].

Nous ne saurions trop souligner l'intérêt, voire la nécessité d'une supervision qui permet à l'éducateur de repérer les zones de sa personnalité susceptibles d'entrer en résonance avec les projections des enfants ou des adultes dont il s'occupe.

6) LA QUESTION DE L'ÉTHIQUE

De nos jours ce terme est souvent galvaudé. Précisons qu'il n'a rien à voir avec la morale qui concerne les us et coutumes. L'éthique éducative se situe entre le fondement et la pratique éducative. Elle n'est autre que cette ligne de crête sur laquelle l'éducateur est invité à se tenir, et qui exige sa mise en jeu comme sujet.

La question se précise donc ainsi : comment élaborer une éthique cohérente avec le fondement du discours et de la pratique éducative tel que nous l'avons dégagé ? Autrement dit, quelles sont les conditions qui favorisent l'émergence d'un sujet chez une personne handicapée, enfant ou adulte ? Qu'en est-il de sa possibilité de faire valoir son désir ?

De ce point de vue, la personne handicapée n'est certainement pas la mieux placée. La loi d'orientation du 30 juin 1975 lui garantit un ensemble de droits (aux soins, à l'éducation, à la formation, aux transports, à des aides financières...). Sans doute ces dispositions marquaient-elles un

---

45. Sur cette question on peut consulter : F. Dolto, "Paroles pour les parents et les adultes qui vivent avec des adolescents", *in Dolto Toltich, Paroles pour adolescents ou le complexe du homard*, Paris, Hatier, pp.126-137.

progrès important dans la prise en compte des difficultés des handicapés. Cependant, on peut s'étonner a posteriori que des droits élémentaires, valables pour l'ensemble de la population, aient dû ainsi être rappelés pour une catégorie particulière de personnes. En fait la nouveauté ne réside pas dans ces droits, mais dans le fait :

– qu'ils deviennent un dû sans contre-partie du côté des parents, ou de l'adulte handicapé,

– qu'ils s'imposent aux bénéficiaires (enfants comme adultes).

Concernant le premier point il nous semble que la culpabilité sociale va sensiblement trop loin, introduisant par une politique d'allocations et de prise en charge une "sécurité sociale"[46] qui, paradoxalement, rend problématique l'évolution de l'enfant ou de l'adulte. Je citerai trois exemples :

– Le premier concerne cet enfant dont les parents se démenèrent tant et plus auprès de divers spécialistes pour démontrer à la C.D.E.S. qu'il n'avait pas évolué autant que le prétendait l'établissement. Ils risquaient en effet, en raison même de ces progrès, de se voir retirer l'A.E.S. Inutile de préciser que quelques mois plus tard, l'enfant avait fait le nécessaire pour leur donner définitivement raison.

– Le deuxième exemple concerne cet adulte, placé dans un C.A.R.T., qui s'était rendu compte qu'à travailler, son A.A.H. serait diminuée d'une part importante, voire supprimée peut-être. Bien sûr il préféra s'abstenir, pour le plus grand profit du bistrotier d'en face !

– Le troisième exemple concerne l'accueil d'enfants en IMP, IME, IRPSY. Sait-on que ces enfants y sont pris en

---

46. S. André, *L'imposture perverse*, Paris, Seuil, 1993, p.336. L'auteur ajoute :"Entrons, au contraire, dans l'insécurité sociale, afin d'y rencontrer ceux que la société abreuve, en vain, de ses secours et de sa sollicitude : les clochards, les vagabonds, le `quart-monde', bref, tous ceux qui se présentent comme des épaves du lien social organisé. A les tenir pour de malheureuses victimes, ou des êtres à qui manque quelque chose, nous ne pouvons qu'ignorer la véhémence qui s'attache souvent à cette position de déchet ou d'objet martyr qui est la leur et dans laquelle ils revendiquent assurément, à leur insu, la possession de quelque chose d'essentiel".

charge intégralement : pension, soins, scolarité, apprentissage, loisirs, vacances ? Que la pension soit financée par l'établissement, c'est bien normal puisqu'en raison du placement, l'allocation familiale n'est plus versée à la famille. Que les soins[47] soient dispensés gratuitement, nous ne pouvons qu'y souscrire. Mais pourquoi les parents d'enfants handicapés sont-ils dispensés de financer ou de participer, comme tous les parents, au financement de la scolarité de leur enfant, à sa formation professionnelle, à ses loisirs, à ses vacances ?

Il serait intéressant de s'interroger plus à fond sur ce qui a joué de culpabilité et de malaise social dans la mise en place des dispositions de la loi de 75 et de ses décrets. Contentons nous de constater, tel est le second point, que les droits accordés sont en réalité loin de l'être gratuitement. Non seulement ils enserrent familles et personnes handicapées dans un réseau de dossiers, décisions, placement, moyen de la gestion sociale des handicapés, mais encore, et peut-être surtout, plus insidieusement, quelque chose fonctionne maintenant sur le mode du "tu es pris en charge, donc tais-toi !".

Nous mentionnerons les questions suivantes qui, si elles ont déjà trouvé leur réponse dans les développements précédents concernant le discours et la pratique éducatifs, méritent d'être, ici, rappelées :
– dans son fond l'éducateur peut-il souscrire à cette injonction implicite sans déchoir de sa fonction ?
– jusqu'où peut-il aller dans sa pratique sans s'en faire purement et simplement l'agent ?

Bien évidemment, l'éducateur, mandaté, salarié par le corps social, ne peut totalement s'en extraire. Au reste le voudrait-il, que ses tentatives n'aboutiraient qu'à renforcer l'ordre contre lequel il s'insurge. Or, comme nous l'avons vu, il s'agit pour l'éducateur, moins de modifier la réalité pour l'adapter aux handicapés (position des auteurs de la loi de 75, et de toutes les "belles âmes" qui s'expriment sur

---

47. Précisons, les soins relatifs à la prise en charge.

notre petit écran), *que de soutenir la personne handicapée dans sa possibilité de faire entendre sa voix.*

Ce qui fait problème dans la position habituelle, ce qui occulte toute possibilité d'énonciation et condamne la personne handicapée à se loger dans les filets de la gestion sociale du handicap, c'est qu'elle suppose un lieu où on en connaît un bout sur son Bien ! A partir de cette prémice, il n'y a plus guère qu'à se taire et à recevoir avec reconnaissance la manne tombée du ciel.

On est là dans le cadre de la définition de l'amour donnée par Saint Thomas d'Aquin : "velle bonum alicui", vouloir le bien de quelqu'un. Pour admirable qu'elle soit, cette définition ne met pas longtemps à avouer sa limite. En effet, quel est le bien dont il est question si ce n'est le bien tel que je l'imagine, le bien à mon image, ou plutôt à l'image de mon bien. Nous sommes ici dans le registre du miroir où vient s'inscrire la relation narcissique d'amour. Ce que je ressens devient ce que l'autre ressent. Se dévoile alors la dimension d'occultation d'une telle position. Si l'autre est susceptible de ressentir comme moi, de bénéficier du même bien que moi (sous la forme du droit à l'éducation, à l'instruction et aux soins, que je dispense gratuitement pour qu'il soit bien clair qu'il n'est pas question de les refuser), alors il peut être vu comme moi. L'altérité de l'autre est ramenée au miroir, c'est-à-dire à mon image, la différence du handicap est gommée, le désir du sujet a sombré sous les assauts de la charité. Remarquons avec Lacan que la formule évangélique : "tu aimeras ton prochain comme toi-même" est de la même eau. Ne suffit-il pas de la mettre au féminin : "tu aimeras ta prochaine comme toi-même" pour voir apparaître clairement qu'elle est faite pour gommer la différence des sexes.

Fort heureusement tout ne va pas pour le mieux dans le meilleur des mondes charitables. Chacun a d'ailleurs pu l'expérimenter pour son compte. Je veux ton bien : ça rate ! je veux pour toi une bonne éducation : ça rate ! je veux ta santé : ça rate encore ! je veux ton bonheur : ça rate encore et toujours ! Ah l'entêté ![48] Il arrive alors ceci, que ce bien que je connais et que tu refuses, j'entends maintenant te l'imposer. Tel est le "velle" de la formule de Saint Thomas d'Aquin. Plus tu résistes, et plus j'insiste, jusqu'à ce que tu cèdes. C'est alors que je me découvre méchant. A la méchanceté de l'autre qui renâcle, répond la mienne qui impose. Le "vouloir" déborde les limites du bien. Le miroir de la relation charitable est brisé et laisse apparaître ce qu'il y a d'horrible au fond de tout amour altruiste : sa teneur de sadisme.

En poursuivant notre route, autorisons-nous un détour plus philosophique. Le lecteur impressionné par ce chemin en apparence plus abrupt empruntera un raccourci en se rendant directement à notre rendez-vous, page 119. Nous pourrons alors finir notre chemin ensemble.

Ce n'est donc pas du côté de l'éthique chrétienne[49], qui ne déborde pas le cadre du narcissisme, ni dans ce qu'elle sous-tend de morale traditionnelle, que nous chercherons les fondements d'une éthique éducative.

Faut-il donc tourner nos regards du côté de la révolution opérée par Kant en morale avec sa "Critique de la raison pratique" ?[50] De quoi s'agit-il ?

Kant veut élever la morale au rang d'une pratique inconditionnelle de la raison. Ceci avec une conséquence de taille : "la réjection radicale du pathologique, de tout égard pris à un bien, à une passion, voire à une compassion, ...réjection par où Kant libère le champ de la loi morale"[51]. Lacan lit ainsi le Kant, non de la "Critique de la raison pure", mais de la "Critique de la raison pratique", c'est-à-dire de la volonté pure. Cette pureté est à entendre précisé-

---

48. Ce petit passage humoristique est inspiré de P. Julien, "Hainamoration et réalité psychique", Littoral 15-16, 1985, pp 6-19.
49. Nous n'assimilons pas l'éthique vétéro- et néotestamentaires, qui ménage une place au désir de l'Autre, à la réduction qui en a été faite par les églises chrétiennes.
50. E. Kant, *La critique de la raison pratique*, P.U.F., Paris, 1966.
51. J. Lacan, *Kant avec Sade, in Ecrits*, Seuil, Paris, 1966, p 770.

ment comme l'exclusion de tout ce qui est de l'ordre d'un pâtir.

Cette volonté pure découle de deux principes :

– le catégorique : une action ne s'impose pas seulement au titre de sa conformité avec la loi, mais exclusivement parce que l'impératif l'énonce. En ceci, la loi nous reconnaît enclins à la transgression.

– l'universel : soit en tout lieu et en tout temps.

Pour Kant, le bien proposé par la loi morale n'est donc bien que de se proposer envers et contre tout objet qui y mettrait sa condition. Or, il n'est pas d'objet qui ne suscite l'affect. Kant aboutit donc à ce paradoxe que ce n'est qu'au moment où le sujet n'a plus en face de lui aucun objet, qu'il peut rencontrer la loi. A ce niveau l'objet se dérobe toujours. La contemplation du bien, en tant qu'absolu transcendantal, a donc pour conséquence de dissoudre le désir qui nous pousse vers les biens de ce monde, les plaisirs en tant qu'ils relèvent des phénomènes éphémères.

Reste une question : Il n'y a pas d'impératif sans énoncé. D'où vient-il donc ? Qui en est l'auteur ? La réponse de Kant est claire : son origine n'est autre que la voix intérieure de la conscience. Or, qu'avons nous vu précédemment ? Qu'il n'y a pas d'intérieur sans extérieur. Ou de façon plus précise, que le dedans vient du dehors[52]. La loi morale vient donc de la voix de l'Autre. "Le dit premier décrète, légifère, aphorise, est oracle, il confère à l'autre réel son obscure autorité"[53].

Or, ce que Lacan repère dans son article "Kant avec Sade"[54], c'est que cette voix de l'Autre fonctionne aussi dans une autre éthique, celle de Sade, apparemment très différente mais combien parallèle à celle de Kant.

La "Critique de la raison pratique" et "La philosophie dans le boudoir" sont des textes contemporains à 28 ans

---

52. C'est ce que montre le stade du miroir pour l'imaginaire, la répétition signifiante pour le symbolique.
53. J. Lacan, *Subversion du sujet et dialectique du désir*, Ecrits, Seuil, 1966, p. 808.
54. J. Lacan, *Kant avec Sade*, Ecrits, Seuil, Paris, 1966, p.765-790.

près. Mais surtout, la morale sadienne, elle aussi libère l'homme de toute considération au pathologique, à une visée de bonheur.

Sade met en scène un théâtre de cruauté afin de libérer le désir de tout fondement naturel situé dans le bonheur ou dans le bien, en imaginant une révolution constante de toutes les institutions qui nous prêtent une seconde nature. Cette libération de tout égard pris à un bien n'est autre que la conséquence d'un assujettissement à la voix de l'Autre. "En effet, je complète l'Autre en comblant ce qui lui manque, selon la mise en scène du récit sadien : la voix d'un bourreau jouissant de sa victime"[55].

Tel est le fantasme qui sous-tend ces deux morales, fantasme refoulé chez Kant, explicite et patent chez Sade. Il soutient chez l'un et l'autre le rejet, la destruction et le sacrifice de tout objet de la tendresse humaine. C'est ainsi qu'il faut voir en Sade la vérité de Kant. L'un et l'autre ont cette même visée : parvenir au nihil du pur désir. Cependant, la voie choisie ne convient pas. En effet le fantasme maintient le désir sur une position masochiste que P. Julien définit ainsi : "assurer la jouissance de l'Autre, lieu de la voix, pour ne pas s'ouvrir à la question de son désir"[56]. Dans ces conditions, la voix de l'impératif ne peut pas choir.

Il est aisé de retrouver les échos de cet impératif dans la pratique sociale en générale, éducative en particulier. Que l'on pense aux différentes méthodes issues du courant comportementaliste, qui traitent les enfants et les adolescents comme s'ils n'étaient susceptibles d'aucun désir ni d'aucune subjectivité. Que l'on pense également aux méthodes dérivées du systémique, aux thérapies familiales qui n'intègrent dans leur réflexion ni la dimension du désir, ni celle du transfert ! Que l'on songe aussi à tous ces instituteurs qui dispensent l'apprentissage de la lecture et de l'écriture en I.M.P. Leur acharnement, sans doute méritoire, laisse cependant entière la question de ce désir fermé à leur ensei-

---

55. P. Julien, *Le retour à Freud de Jacques Lacan*, Erès, Paris, 1985, p. 113.
56. *Ibid*, p. 113.

gnement. Mentionnons pour finir le zèle dévorant de tous ces travailleurs sociaux qui repèrent, classent, signalent, décident, orientent toute une frange de population conformément aux critères retenus par la gestion sociale des handicaps.

Le travailleur social, l'éducateur peut-il se réduire à n'être que l'agent de cet impératif ?

"L'enjeu de la démarche freudienne est de faire limite à la position masochiste de l'éthique kantienne pour que de cette limite naisse la question sur le désir de l'Autre"[57]. Le rapprochement de Kant et de Sade, le fondement de leur éthique sur la base d'un seul et même fantasme amènent cette conséquence de poids : la loi côté Kant n'est autre que le désir refoulé côté Sade. C'est parce qu'il est constitué par le refoulement qu'on ne peut trouver l'objet de la loi dans le monde phénoménal. Dans le trou laissé par ce vide de l'objet, dans ce manque irrémédiable, c'est là que naît le désir, désir qui n'est rien de ce qui est de l'ordre du bien ou des biens. Ainsi, le bien, le bon n'est pas comme nous le disent les morales en avant, au-dessus, à conquérir. Il est perdu et définitivement. Allons-nous en rester sur ce constat désespéré ? Certes non !

Il n'est pas facile de s'accoutumer à l'idée que le nihil n'est pas pure et simple négation. Les premières pages de la Genèse l'énoncent sous la forme d'un article de foi. Ce ne fut pourtant jamais sans une certaine réticence que les penseurs de tous ordres ont reconnu une positivité au vide. Comme s'il n'y avait que la nature pour en avoir horreur ! La topologie a largement contribué à l'étude des trous, ou pour être plus exact de leurs complémentaires dans un espace donné. Cependant, on ne fait plus semblant d'ignorer que ce qui est, se trouve agencé par ce qui n'est pas. C'est ainsi qu'on y loge maintenant la notion de cause[58]. "Le potier donne forme au vide. C'est pour le vide, c'est en lui, à partir de lui qu'il façonne l'argile pour en faire une chose qui a

---

57. *Ibid*, p. 113.
58. Sur cette question, cf G. Le Gaufey, *Les unités imaginaires*, 1989, séminaire inédit, ch. La niche du sujet.

forme...Le vide de la cruche détermine tous les gestes de la production. Ce qui fait du vase une chose ne réside aucunement dans la matière qui le constitue, mais dans le vide qui le contient"[59].

C'est ex-nihilo que surgissent les chaînes signifiantes, soit les représentations qui tournent autour de la Chose primordiale définitivement perdue. Elles participent ainsi par leurs multiples frayages à la régulation des tensions. Par leur existence même, elles impliquent un au-delà que Freud désigne du nom de pulsion de mort. Par delà le service des biens de ce monde, le désir est dans le rapport le plus étroit avec la mort.

Tout ceci a pour conséquence la complète relativisation des idéaux du bien et du bonheur. Au reste ne recèlent-ils pas en eux-mêmes le ver qui les pourrit ? soit :
– la haine vis-à-vis de qui me prive de mon bonheur,
– la culpabilité d'avoir cédé sur mon désir au profit du bien commun.

Céder sur son désir s'accompagne toujours de quelque aveuglement (cf. Œdipe), de quelque trahison pour nous. Même et surtout, comme nous l'avons déjà vu, parce qu'"*il est plus commode de subir l'interdit que d'encourir la castration*"[60].

En un sens, Œdipe n'a pas fait de complexe. Il se punit pour une faute qu'il n'a pas commise en connaissance de cause. Il a tué un homme rencontré sur sa route, fuyant ceux qu'ils croyaient ses parents. Voulant éviter le crime, il le commet ! Il ne sait pas que dans le bonheur conjugal qui berce ses nuits et ses jours, c'est avec sa mère qu'il couche. Que signifie donc le châtiment qu'il s'inflige ? En se crevant les yeux, il renonce à ce qui l'a captivé, à ce bonheur qui l'a trompé. Dédaignant désormais les biens de ce monde, il

---

59. M. Heidegger, *Essais et conférences,* Gallimard, Paris, 1950, p. 200.
60. J. Lacan, Séminaire 7, *L'éthique de la psychanalyse,* Seuil, Paris, 1986, p. 354.

entre dans ce domaine sombre et mystérieux où il cherche son désir.

Observons le bien, à Colonne, à l'article de la mort. Lacan souligne l'ironie de l'expression "bon pied, bon œil"[61]. Elle ne saurait prendre trop de portée ici puisque cet homme aux pieds enflés, aux yeux crevés exige encore tous les honneurs dus à son rang. Franchie la limite du service des biens, nous entrons dans une zone où l'éthique du désir devient une esthétique. C'est là l'un des fils essentiels (et trop peu relevé) de l'avancée de J. Lacan dans les années 59-60. Le beau[62] est ce qui peut faire barrage à la jouissance maligne. Il se révèle être "la barrière extrême à interdire l'accès à une horreur fondamentale, celle de la méchanceté"[63]. La beauté n'est pas touchée par l'impudeur et l'obscénité, elle décourage l'outrage, désamorce toute vélléité de violence. Elle est d'un autre monde. Une telle beauté n'a rien à faire avec la perfection du trait de l'aimée. Elle s'illumine d'un reflet du pur désir sur le visage du désirant.

Bien sûr, l'éducateur participe de cette organisation rassemblée par la gestion rationnelle d'un bien commun. Mais il est un des rares à pouvoir témoigner qu'aucune forme de société ne pourra réduire la singularité du désir. Tel est le sens du "Malaise dans la civilisation"[64] de Freud, qui réduit à néant nos espérances naïves ou perverses de parvenir à un certain bien-être social. Car enfin, aucune morale, qu'elle soit chrétienne ou post-kantienne ne peut échapper à cette question : comment à vouloir son bien, la société n'aboutit-elle qu'à fabriquer son malheur ? Mais, à occulter la dimension du désir, comment ne ferait-elle pas le lit des puissances qui la rongent ?

L'éducateur est un veilleur, témoin que, quoi qu'on fasse au nom du bien, ça ne marche pas, et jamais ça ne marchera. Sa fonction est moins de colmater les brèches que

---

61. *Ibid*, p. 352.
62. Avec la pudeur, cf 2° partie, chapitre 2.
63. J. Lacan, *Kant avec Sade, op. cit*, p. 776.
64. S. Freud, *Malaise dans la civilisation*, P.U.F., 1971.

de *les convertir en une esthétique qui vienne faire lien entre les hommes, et en particulier ceux qui se retrouvent dans la souffrance. Tel est l'éthique en son fondement inconscient.*

Dans le cadre de la fonction éducative, nous définissons cette esthétique comme *un style*, celui qui consiste précisément à ne pas se laisser aveugler par le bien-être de la prise en charge, qu'elle soit institutionnelle ou en milieu ouvert, *mais à réaliser les conditions qui permettent au sujet de progresser dans la voie de la demande, parce que c'est là, la seule possibilité d'émergence du désir.*

TROISIÈME PARTIE :

L'INSTITUTION

Introduction : Nous entrons maintenant dans la partie de cet ouvrage consacrée aux institutions.

Disons tout de suite que les deux termes "établissement" et "institution" ne se recouvrent pas.

L'établissement est constitué par l'ensemble des moyens humains et matériels rassemblés pour une tâche.

En première approximation, on peut avancer que *l'institution est la mise en forme de ces moyens, soit leur articulation selon le fondement de la pratique éducative telle que nous l'avons dégagée : la métaphore du Nom du Père.*

Si cette hypothèse est vérifiée, il en résulte que l'institution ne peut s'organiser au gré des conceptions personnelles d'un directeur ou d'une équipe.

Avant d'en venir au fonctionnement institutionnel proprement dit, nous ferons un détour pour examiner les maux qui rongent l'institution et dont, en conséquence, pâtissent aussi bien le personnel que les personnes accueillies.

1) LES "PATHOLOGIES" INSTITUTIONNELLES[1]

Les institutions sont de véritables corps vivants. Traversées par le langage, elles sont agitées de mouvements "pulsionnels" et peuvent souffrir de "pathologies" dont les symptômes sont aisément repérables. Les périodes de crises se reconnaissent à l'alternance d'agitation désordonnée et de silence figé et inquiétant. Tous les salariés sont affectés et ressentent, même physiquement, les effets de ce malaise. Au reste les arrêts maladie se multiplient permettant à tel ou tel de se soustraire ainsi à des tensions excessives. En ce sens ces arrêts sont plutôt un signe de bonne santé mentale.

Nous repérerons les pathologies institutionnelles selon la façon dont le discours qui circule est investi ou non d'autorité. Autrement dit, la parole vient-elle soutenir et ordonner le fonctionnement institutionnel, ou au contraire n'est-elle là que pour être détournée ou déniée dans sa fonction même ?

Le fonctionnement psychotique, ou la parole vidée : Lorsqu'un silence lourd, pesant, menaçant s'abat sur un

---

[1]. L'expression "pathologie institutionnelle" ne doit pas prêter à confusion. L'application à des groupes de catégories empruntées à la clinique nous a toujours paru problématique. Les "pathologies institutionnelles" (psychose, névrose, perversion) désignent ici des phénomènes présentant des analogies avec les pathologies cliniques et surtout pouvant s'expliquer par une même déviation dans l'utilisation du langage.

établissement, il y a tout lieu de se demander s'il ne serait pas aux prises avec une pathologie de type psychotique. Chacun se met à travailler dans son coin et les relations élémentaires nécessaires au travail tendent à se dissoudre. La transmission des informations ne se fait plus, l'établissement donne l'impression de s'émietter.

Les réunions deviennent pour chacun un véritable calvaire, le silence en constitue la plus grande partie interrompu de bribes de phrases sans lien les unes avec les autres. L'angoisse est palpable avec son lot de malaises : la gorge nouée, la boule sur l'estomac, une sensation d'étouffement.

Que se passe-t-il donc ? Deux hypothèses peuvent être avancées qui souvent se renforcent l'une l'autre.

— La première consiste en la diffusion de la pathologie des personnes accueillies dans l'ensemble de l'institution. Cela se passe comme si chacun était contaminé et ne parvenait plus réellement à fabriquer les anti-corps nécessaires, entendons, une parole qui fasse Loi.

— La deuxième provient du sentiment que la parole n'est plus soutenue par le directeur, qu'elle flotte au gré des vents et des courants laissant chacun partir à la dérive.

On le voit, les dangers encourus sont du même type que ceux que nous avons déjà rencontrés avec la psychose : danger d'explosion, d'éclatement, de dispersion. Tout se passe comme si la fonction institutionnelle menaçait à chaque seconde de se dissoudre en se laissant glisser vers un état antérieur au stade du miroir. Plus rien ne peut se dire puisque toute parole est susceptible de provoquer un cataclysme. La meilleure protection consiste encore à faire groupe en silence en attendant que ça passe. Que dis-je, à faire "croupe", à tenter coûte que coûte de maintenir l'enveloppe, ultime protection contre le danger qui menace. La parole a perdu toute vertu, elle ne fonde ni ne soutient plus rien. A proprement parler il n'y a plus d'institution.

Le fonctionnement pervers, ou la parole déniée : Ici, au contraire, l'institution doit se maintenir, la parole accomplir son office et soutenir la Loi, précisément pour que celle-ci puisse être transgressée. La "perversion institutionnelle" constitue une sorte de maladie infantile des établissements médico-éducatifs, ce qui ne l'empêche pas de revêtir parfois des formes gravissimes. On sait bien la difficulté que rencontre tout directeur à maintenir une règle plus de deux ou trois mois. Insensiblement elle perd de sa force, puis de son intérêt, et peu à peu tombe en déliquescence.

Ainsi, par exemple, dans bien des endroits, les décrets d'application de la loi Veil ont-ils été contournés. Qui n'a vu un éducateur fumer sous le chambranle d'une porte ou sur le rebord d'une fenêtre ? Qu'entre le directeur, il lui suffit alors de se pencher à l'extérieur pour tirer sur son mégot en toute légalité !

Les interdits relatifs aux relations sexuelles constituent un terrain particulièrement favorable à la perversion. Il s'agit le plus souvent et de façon subreptice d'inciter à la transgression tout en conservant les apparences de la légalité.

Dans un IMP accueillant des enfants et des adolescents de 6 à 18 ans, les dortoirs, d'une vingtaine de places séparées par de petites cloisons de bois montant à mi-hauteur, étaient à la fois mixtes et verticaux en âge. C'est avec le plus grand sérieux et sans se rendre compte de la situation, que lors des réunions hebdomadaires, les éducateurs répétaient qu'il n'était pas permis de quitter son box la nuit pour voir ce qui se passait dans le lit du voisin. Tous les poncifs étaient rameutés : le sérieux, la confiance, le respect de l'autre...tout y passait. Seule, la réglementation interdisant la mixité dans les dortoirs pour les adolescents de plus de 13 ans manquait, et pour cause, à l'appel.

Citons un autre cas, celui d'un couple d'éducateurs récemment constitué et qui, profitant de l'été emmena camper une douzaine d'adolescents. Les deux éducateurs qui dormaient dans une petite tente deux places laissèrent leur relation privée envahir le champ professionnel. Fort de cet exemple, il n'est pas besoin de préciser que ce camp fut l'occasion d'une éclosion de couples dans ce groupe d'enfants.

La perversion qui s'installe dans un établissement contamine tout son fonctionnement. Non seulement elle rend la collaboration entre le directeur et les éducateurs à peu près impossible, mais encore, elle divise les éducateurs en clans hostiles.

La perversion est une arme d'autant plus redoutable que certains adultes l'utilisent sans vergogne pour parvenir à leur fin.

De toutes les manœuvres imaginables, la pire est celle qui consiste à susciter et à utiliser la délation. Je citerai à titre d'exemple, ce président d'association qui, profitant d'une houle comme les établissements en connaissent régulièrement, réunit les éducateurs d'un foyer d'adultes proche de La Rochelle, en l'absence du directeur, pour "faire avec eux le point sur sa pratique". Bien entendu, il n'eut pas besoin de bien longtemps pour engranger dans sa besace de quoi réclamer la démission du directeur. Inutile de dire à quel point cet entretien ne fut qu'une parodie, parodie à laquelle se prêtèrent, et ce n'est pas le moins problématique, les éducateurs [2].

Les éducateurs d'un établissement étaient accoutumés, lorsqu'ils n'obtenaient pas satisfaction du directeur, de s'adresser directement au vice président de leur association. Celui-ci, ancien collègue de travail, accédait immédiatement à leurs desiderata. Le directeur régulièrement court-circuité perdit rapidement toute autorité, puis peu à peu toute contenance et dut quitter l'établissement au bout de deux ans.

La perversion sous toutes ses formes est particulièrement redoutable. Elle opère dans le secret, par le calcul et le mépris. Elle ne diffuse pas comme la psychose, mais installe un théâtre de cruauté dans lequel le névrosé, pauvre naïf, vient se prendre. Dès lors il jouera son rôle, mû par des fils invisibles, sans se rendre compte qu'il n'est qu'une victime

---

2. Que les éducateurs se soient prêtés à cette parodie, on peut l'attribuer à un effet d'entraînement institutionnel. Il est néanmoins, pour qui se respecte, toujours possible de conserver son libre arbitre.

entre les mains d'un maître. La perversion dévitalise la fonction de la parole, court-circuite les réseaux de la demande empêchant le désir de se mettre en place. Elle privilégie le plaisir immédiat. Elle est, ne serait-ce que pour cette raison, de nature foncièrement anti-éducative.

Un dernier exemple nous permettra de mesurer cette dévitalisation de la parole. Les éducateurs de ce même foyer d'adultes, soudain pris d'une frénésie de voyage, évoquèrent tous les arguments disponibles pour justifier un séjour au Maroc : lutte contre le racisme, la ségrégation, etc. Quelle ne fut pas la surprise du directeur de constater qu'au repas de Noël qui suivit, et qui se déroulait dans un restaurant de La Rochelle, tous les éducateurs étaient rassemblés à une même table, tandis que les jeunes adultes se répartissaient sur trois autres tables. Tout l'argumentaire contre la ségrégation était oublié !

Le fonctionnement névrotique, ou la parole évitée : C'est là le mode de fonctionnement le plus courant des établissements médico-éducatifs. Il se caractérise par un double sentiment d'impuissance et de dépression. L'éducateur ne se sent ni entendu ni à fortiori compris. Toute entreprise paraît vaine, le quotidien, routinier et pesant. L'éducateur et bientôt l'équipe toute entière se laisse envahir par un sentiment d'impuissance : "à quoi bon !", "de toute façon c'est impossible", "on nous empêche", "on ne nous donnera pas les moyens", etc. Ce sentiment s'accompagne d'une dévalorisation de soi et de sa fonction : "on nous traite comme des enfants", "notre travail n'est pas reconnu", "on nous adresse les cas les plus lourds", "l'établissement est devenu la poubelle du département", etc. Les initiatives sont, par avance, vouées à l'échec, les éducateurs se traînent et comptent leurs heures, ils se sentent abandonnés, seuls à devoir se débrouiller des difficultés des prises en charges.

Pour comprendre comment une telle situation s'installe dans un établissement, il est nécessaire de faire un petit détour par la théorie. Nous nous tournerons vers l'ouvrage de Freud écrit en 1912 : Totem et tabou, dont nous reprendrons quelques éléments essentiels.

Pour décrire les origines de l'humanité et la formation des sociétés humaines, Freud fait appel au mythe de la horde primitive. Mais il s'agit pour lui de bien plus que d'un mythe, de ce que nous pouvons appeler sous une forme paradoxale, "un mythe historique". Mythe, parce-qu'il s'agit d'hypothèses que nul ne pourra jamais vérifier. Historique, parce que Freud considère qu'il décrit la façon dont les sociétés se sont réellement installées. On peut saisir dans cette tension entre mythe et histoire, le problème spécifique constitué par la question des origines. Ou l'on est dans les origines et il est alors impossible de parler de l'histoire, ou l'on étudie l'histoire, et l'origine échappe. Telle est la fonction du mythe, en même temps qu'il s'exclut de l'histoire, il la fonde et lui donne existence.

Qu'en est-il donc de ce "mythe historique" ? Freud imagine qu'au début de l'humanité vivait une horde primitive, entièrement livrée à l'arbitraire d'un père violent et jaloux, "gardant toutes les femelles et chassant ses fils à mesure qu'ils grandissent"[3]. Lassés de cette situation les fils se concertent et décident d'y mettre fin. Comment ? En tuant ce père, possessif et tyrannique. Ce qu'ils font. Puis, ils découpent son corps et le mangent, cette manducation étant destinée à leur permettre d'incorporer la puissance paternelle. Ainsi débarrassés de ce despote, dotés de sa puissance, les fils vont-ils enfin pouvoir accéder aux femmes ? Malheureusement non ! Que se passe-t-il donc ? A peine le père est-il tué, à peine la dernière bouchée est-elle avalée qu'apparaît le remords qui s'insinue en chacun. Ils ne savaient pas que ce père haï était aussi un père aimé ! La culpabilité prenant le dessus, "le mort devenait plus puissant qu'il ne l'avait jamais été...Ce que le père avait empêché autrefois, par le fait de son existence, les fils se le défendaient à présent eux-mêmes en vertu de cette obéissance rétrospective, caractéristique d'une situation psychique que

---

3. S. Freud, *Totem et tabou*, Paris, Payot, 1973, p. 162.

la psychanalyse nous a rendue familière. Ils désavouaient leur acte en interdisant la mise à mort du totem, substitut du père, et ils renonçaient à recueillir les fruits de ces actes en refusant d'avoir des rapports sexuels avec les femmes qu'ils avaient libérées"[4]. Comme on peut le constater, le père loin d'avoir transmis sa puissance, l'a au contraire emportée avec lui dans la tombe. Le sentiment de culpabilité des fils engendre donc les deux tabous fondamentaux du totémisme, qui correspondent aux deux désirs refoulés du complexe d'Œdipe : l'interdit du meurtre du père et l'interdit de l'inceste.

De plus, le mythe freudien emporte avec lui une conséquence à laquelle on ne saurait attacher trop d'importance pour notre sujet. "Le besoin sexuel, loin d'unir les hommes, les divisent. Si les frères étaient associés, tant qu'il s'agissait de supprimer le père, ils devenaient rivaux, dès qu'ils s'agissait de s'emparer des femmes. Chacun aurait voulu, à l'exemple du père, les avoir toutes à lui, et la lutte générale qui en serait résultée aurait amené la ruine de la société. Il n'y avait plus d'homme qui, dépassant tous les autres par sa puissance, aurait pu assumer le rôle du père. Ainsi les frères, s'ils voulaient vivre ensemble, n'avaient-ils plus qu'un seul parti à prendre : après avoir, peut-être, surmonté de graves discordes, instituer l'interdiction de l'inceste par laquelle ils renonçaient tous à la possession des femmes convoitées, alors que c'était principalement pour s'assurer cette possession qu'ils avaient tué le père"[5].

Ne serait-ce pas cette même auto-inhibition qui frappe bon nombre d'équipes éducatives, surtout lorsque leur fonctionnement est insuffisamment institutionnalisé. Les éducateurs n'ont d'autre solution que de se surveiller, guettant le premier qui se risquera à prendre une initiative. Celui-là sera perçu par les autres à l'instar d'un fils voulant s'accaparer toutes les femmes. Il deviendra la proie des sarcasmes, des tribulations de ses collègues qui n'auront de

---

4. *Ibid*, pp. 164-165.
5. *Ibid*, p. 165.

cesse de faire avorter son projet. Il est nécessaire pour la survie du groupe, que tout ce qui dépasse soit coupé. Voilà pourquoi les équipes éducatives livrées à elles-mêmes fonctionnent sur le mode du plus petit commun dénominateur, c'est-à-dire, malheureusement, à leur niveau le plus bas[6].

Le mythe freudien nous permet également de comprendre d'où provient le sentiment d'impuissance et de dévalorisation qui frappe tant d'éducateurs. Pourquoi penser systématiquement que "de toute façon c'est impossible", "qu'on ne nous donnera pas les moyens", "que l'on n'est pas reconnu", etc. ? La fréquence et la constance de cette lamentation dans les établissements médico-éducatifs fait signe, de même que leur forme impersonnelle. Le "on", bien entendu, désigne le directeur. C'est lui qui ne donne pas, qui ne reconnaît pas, bref qui est placé dans la même position de privateur que le père de la horde primitive. Il en résulte que les éducateurs se situent comme fils (ou fille) par rapport à lui, c'est-à-dire dans le cas présent comme enfant à qui l'on peut arbitrairement donner ou refuser. Un tel rapport rend évidemment impossible l'exercice de la fonction éducative. Tel semble bien être, d'ailleurs, le bénéfice secondaire[7] de cette position. Son intérêt est le suivant : l'acte éducatif est si exigeant, si redoutable, les pathologies si lourdes qu'il est préférable de prévenir l'échec. Et puisqu'échec il y aura, il importe que ce soit la faute de quelqu'un, afin qu'il devienne patent que nous, éducateurs, n'y sommes pour rien.

Ce marché de dupe peut donc se résumer dans les termes suivants : nous renonçons à être éducateurs, nous acceptons d'être infantilisés, en échange de quoi les échecs des prises en charge ne pourront nous être imputés. Telle est la cause essentielle du sentiment d'impuissance souvent ressenti par

---

6. On peut repérer ici la frustration à l'œuvre. L'autre du miroir ne doit pas pouvoir s'approprier ce que j'imagine être l'objet de son désir. Peu importe que cet objet me soit ou non agréable. C'est la jouissance imaginaire, résultant d'une complétude supposée chez l'autre, qui déclenche l'envie et l'agressivité.

7. Pour reprendre une expression de Freud bien connue.

les éducateurs et de la dévalorisation qui l'accompagne. Cette infantilisation déborde les établissements pour s'étendre au champ social, ce qui explique pourquoi les éducateurs sont tenus à l'écart des lieux de décisions officiels[8].

L'énoncé lacanien, déjà cité, vient ici éclairer cette situation sous une forme aphoristique : *"dans le fond, il est plus commode de subir l'interdit, que d'encourir la castration"*[9]. Le conflit, quel qu'il soit, avec le directeur, père tyrannique de la horde, protège de la castration, soit du vide, en maintenant l'interdit. S'il y a conflit, interdit, c'est que la mère, celle de la jouissance, n'est pas radicalement absente. Qu'elle soit interdite, suppose qu'elle pourrait être accessible. Le conflit et l'interdit sont donc les deux principes du maintien de la situation œdipienne, c'est-à-dire de la névrose.

2) LE FONCTIONNEMENT INSTITUTIONNEL : DISTINGUER LE RÔLE ET LA FONCTION

Quelle est donc la possibilité pour un établissement d'échapper aux pathologies précédemment décrites ? Comment peut-on les prévenir ou y remédier ?
Là encore, la fonction paternelle constitue le repère important. C'est le père mort qui fonde la dimension du symbolique[10] et permet donc au sujet d'accéder au désir. Il garantit la circulation de la parole et la distinction des registres, imaginaire et symbolique. Un des dangers qui, constamment, menace le fonctionnement d'un établissement consiste à mélanger l'un et l'autre. Cela revient à investir une règle, par définition locale et ponctuelle, de l'autorité qui appartient à la Loi, et par voie de conséquence, de dévaloriser la Loi, de sorte qu'elle n'ait guère plus de poids qu'une

---

8. *Cf* notre introduction, p. 6s.
9. J. Lacan, *L'éthique de la psychanalyse*, Seuil, Paris, 1986, p. 354.
10. Le père symbolique n'est autre que le père mort.

règle. L'absence de distinction entre le rôle (imaginaire), et la fonction (symbolique), s'inscrit dans cette forme de perversion.

On parle beaucoup de la fonction du directeur qui effectivement constitue un centre autour duquel s'organise le fonctionnement institutionnel. N'y a-t-il pas là un abus de langage ? Diriger, est-ce un rôle ou une fonction ? La réponse est importante puisque d'elle dépendra pour l'éducateur la possibilité d'exercer ou non sa fonction.

Comme nous l'avons déjà souligné, *la fonction paternelle constitue la clef de voûte à laquelle chacun est tenu de renvoyer les enfants. Cette fonction concerne donc toute personne travaillant dans l'établissement, de la lingère au directeur, en passant par l'éducateur, et ce à égalité de représentation.* Tel est ici le point important. En effet, pas plus il n'est envisageable de représenter ce père symbolique à moitié, pas davantage l'un quelconque, fut-il directeur, ne peut le représenter plus que les autres qui, par voie de conséquence, ne le représenteraient que partiellement. La conclusion suivante s'impose, fondamentale si l'on veut que le personnel soit autre chose que les enfants du directeur : *les prérogatives hiérarchiques et disciplinaires du directeur ne peuvent se fonder sur sa fonction symbolique.*

Le rôle, lui, relève de ce que l'on peut appeler le théâtre social, et se définit par voie conventionnelle entre le conseil d'administration et le directeur, et dans le meilleur des cas entre le directeur et l'ensemble des salariés. Le pouvoir hiérarchique et disciplinaire du directeur relève de ce théâtre dans lequel chacun a son rôle à jouer ni plus ni moins.

Compte tenu de ces précisions, il n'y a au fond que deux possibilités :

– ou le directeur investit son rôle d'une autorité symbolique, il le sacralise, et s'arroge ainsi le droit à l'arbitraire. Toute décision prise par lui s'impose et ne supporte aucune discussion. La moindre contestation est ressentie non seulement comme une atteinte personnelle, mais surtout comme une hérésie.

– ou il distingue rôle et fonction. Son rôle consiste alors (outre la responsabilité administrative, éducative et thérapeutique) principalement *à garantir la qualité de la représentation symbolique*.

Dans le premier cas, on n'est guère plus loin que dans la situation du père de la horde primitive décrite par Freud. Bien entendu, ce type de fonctionnement sert de refuge à l'incompétence, et "l'impuissance à soutenir authentiquement une praxis, se rabat, comme il est en l'histoire des hommes communs, sur l'exercice d'un pouvoir"[11]. Les initiatives s'étiolent, le débat d'idées devient inutile, l'établissement est tenu sous le boisseau. Périodiquement, une houle le traverse, qui oppose les salariés au directeur. L'octroi de quelques miettes viendra calmer la situation, et le directeur pourra se croire un fin gestionnaire[12].

Dans le second cas, les deux registres étant distingués, rien n'empêche, bien au contraire que, dans le cadre déterminé par le conseil d'administration, le rôle du directeur fasse l'objet de négociations et d'aménagements sans que pour autant il soit porté atteinte à son pouvoir hiérarchique. Des discussions en termes de compétence peuvent aboutir à des délégations plus ou moins étendues qui respectent les prérogatives du directeur, en particulier son droit de contrôle[13]. Qui est le mieux placé pour résoudre tel problème, pour prendre en charge telle question ? Dans ces conditions selon quel critère ces délégations vont-elles s'organiser ?

La réponse est à chercher du côté de la fonction éducative qui constitue *la mission essentielle* des établissements médico-éducatifs. S'il est vrai, comme nous pensons l'avoir montré, que cette fonction repose sur la métaphore du Nom du Père, que ses modalités consistent à en représenter le

---

11. J. Lacan, *La direction de la cure,* Ecrits, Seuil, Paris, 1966, p. 586.
12. Lignes écrites en pensant à Mr X... directeur général d'une association d'origine confessionnelle, mais qui n'a malheureusement plus rien à confesser du point de vue médico-éducatif.
13. De ce point de vue, l'éducateur qui bénéficie d'une délégation a le devoir de rendre compte, ce qui lui évitera un jour d'être tenu de rendre des comptes.

mouvement, il en résulte que le critère d'organisation des délégations réside en ceci : aménager au mieux ces modalités. Pourquoi ? Précisément parce que *l'éducateur est le seul dont le rôle (imaginaire) représente, et a pour seul et unique objet de représenter la fonction du père (symbolique)*. Le critère de la répartition des délégations s'énonce donc de la façon suivante : comment les modalités du rôle tenu par l'éducateur lui permettront-elles de représenter au mieux sa fonction ?

Un exemple concret viendra préciser ce point délicat qui a trait à l'articulation des prérogatives du directeur et de l'éducateur dans la prise en charge d'un enfant, ou d'un groupe d'enfants. On sent bien qu'un éducateur qui ne dispose pas d'une marge de manœuvre suffisante ne peut exercer la plénitude de son rôle, et sa fonction représentative s'en trouve du même coup oblitérée. S'il lui faut lever le doigt ou rédiger une demande en trois exemplaires chaque fois qu'il a besoin de quelque chose, cela laisse mal auguer de la façon dont on le considère, dont il en vient à se considérer lui-même, et dont les enfants, qui n'ont pas les yeux dans leur poche sont amenés à le percevoir. Il est donc nécessaire que l'éducateur dispose de la part des budgets qui concerne ses prises en charge. Qui est mieux placé que lui pour aménager l'internat, l'atelier, pour évaluer les quantités de matériels et les choisir, dans le cadre d'un foyer pour faire les courses, régler les notes d'électricité, d'eau, de chauffage, organiser les travaux d'entretien, etc. Il importe cependant ici de ne pas se contenter d'artifices. Il ne s'agit nullement de viser les factures et de les transmettre à la comptabilité, mais bel et bien d'aller au bout d'une démarche *qui vise à positionner l'éducateur en adulte*. Il règlera donc lui-même les factures, tiendra sa comptabilité et rendra compte périodiquement au directeur de sa gestion. Telle est la condition sine qua non pour qu'il puisse à la fois tenir son rôle et inciter de façon crédible l'enfant ou l'adolescent à progresser sur la voie de l'autonomie. Bien entendu cette responsabilité perdrait tout son sens si elle ne s'accompagnait de ce qui lui confère toute sa valeur : le risque[14]. Si une erreur s'introduit dans les comptes, l'éducateur doit accepter (j'allais dire même revendiquer !) d'y être de sa poche. Si fin novembre le budget alimentation est épuisé, le foyer devra se contenter de manger des pâtes en décembre. Peu de directeurs acceptent d'aller aussi loin dans le jeu des délégations. Sans doute craignent-ils de voir leur champ d'activité se restreindre. C'est là faire erreur sur la nature de leur responsabilité. *Il s'agit moins pour le directeur de faire, que de garantir la plénitude du rôle éducatif.*

Curieusement, très peu d'éducateurs ou d'équipes éducatives envisagent d'accepter les responsabilités de telles délégations. L'argument avancé est en général le suivant : "on n'a déjà pas assez de temps pour tout faire, si en plus il faut devenir comptable !" Peut-être pourraient-ils accepter ne serait-ce qu'une fois l'expérience. Ils verraient alors tomber ce type d'argument[15], en découvrant le plaisir redoutable et la vertu éducative d'une prise en charge sans filet, c'est-à-dire sans le garde-fou d'une institution maternante, toujours prête à déployer ses ailes protectrices[16].

Un autre exemple viendra illustrer nos propos. Il est souvent question dans les établissements, des "éducateurs référents". Bien que le terme ne soit que rarement défini avec précision, il indique qu'une responsabilité particulière vis-à-vis d'un enfant, a été confiée à un éducateur. Il importe alors de s'interroger sur les prérogatives respectives de l'éducateur et du directeur. Qu'il soit clair que d'un point de vue légal le directeur a tout pouvoir. Il peut donc intervenir à sa guise, dans une situation extraordinaire, qui mettrait en jeu les intérêts de l'établissement. Mais en temps normal, si un éducateur est référent, il est par là même exclu qu'il soit régulièrement contredit ou court-circuité par le directeur. Il importe donc de définir les champs de compétence respectifs de l'un et de l'autre.

---

14. De la même façon qu'il n'existe pas d'éducation sans risque !
15. Argument que nous avons étudié dans le chapitre précédent.
16. Un tel fonctionnement a été mené à son terme au Foyer d'adolescents du Val Joyeux à Royan de 1987 à 1992.

Le directeur, lui, a pour tâche de représenter les relations entre l'extérieur et l'intérieur de l'établissement. On peut penser que la délégation accordée à l'éducateur s'arrête là où commence la mise en jeu de cette frontière, c'est-à-dire les questions concernant les admissions, les départs, les exclusions, mais aussi, les synthèses avec la D.S.D., ou le juge pour enfants. Bien entendu, dans ces domaines, il n'y a pas lieu que l'éducateur soit exclu. Mais la décision ne peut que revenir in fine au directeur. L'important n'est-il pas d'ailleurs que l'éducateur puisse donner son avis en ayant le sentiment d'être entendu ?

Pour tout le reste, prise en charge, placement en stage, loisirs, relation avec les parents etc, on ne voit pas pourquoi l'éducateur ne pourrait exercer la plénitude de sa compétence. La décision revient donc à l'éducateur. Dans le cadre de l'articulation réciproque des différents rôles, l'éducateur est tout à fait autorisé, si besoin est, à utiliser celui du directeur, lors d'une réunion avec une famille ou pour envisager une sanction. Dans ce dernier cas, il sera présent non parce qu'il aurait une autorité supérieure, non parce qu'il pourrait crier plus fort, mais uniquement parce qu'il est le seul, en vertu de son rôle, à posséder la capacité d'exclure.

La distinction entre rôle et fonction est fondamentale pour que chacun puisse remplir sa tâche et s'accomplir selon sa compétence. Si le directeur rabat l'une sur l'autre, alors tout va se jouer en terme de frustration imaginaire[17]. Toute décision sera vécue comme suscitant un manque et réveillera l'envie d'obtenir l'objet interdit. Cet objet, convoité parce qu'interdit, mais bien réel, pourquoi les éducateurs l'abandonnerait-il aux mains d'un pouvoir arbitraire ? Par contre, si le directeur distingue le rôle de la fonction, il s'avère que celle-ci loin de colmater tout manque sous la chape d'un pouvoir absolu, le soutient et s'en fait le garant. Le directeur se présente dans son rôle comme manquant, c'est-à-dire, renvoyant au manque symbolique, soit à la castration. Si le directeur est manquant, l'éducateur peut

---

17. *Cf* 1° Partie, chapitre 3.

aussi manquer. Pourquoi est-ce si important ? *Parce que telle est la condition pour que l'enfant lui-même s'engage sur la voie du manque, et donc du désir.*

Concernant l'articulation des différents secteurs d'activités, nous nous limiterons à deux d'entre eux qui ne sont jamais sans poser problèmes : le secteur éducatif et le secteur des soins (plus précisément thérapeutiques). Les relations du secteur de soins avec les éducateurs sont la plupart du temps de type paternaliste. Si vous êtes en difficulté, venez nous trouver. Vous n'aurez qu'à parler, nous vous écouterons : solution garantie ! Il suffit de poser une question pour se rendre compte que quelque chose ne fonctionne pas correctement dans ce dispositif : Pourquoi des "psy" seraient-ils les mieux placés pour répondre à des questions éducatives ? *Pourquoi dans ce domaine précisément, les éducateurs ne seraient-ils pas les plus compétents ?*

De même, les éducateurs ont peu de réticences à utiliser les services des "psy", non sans se rendre compte toutefois que ce faisant, ils ne sont pas sans céder sur quelque chose de fondamental. C'est qu'ils sentent bien qu'à leur reconnaître un savoir s'étendant à leur champ de compétence, ils s'y s'aliénent. En quoi alors sont-ils intéressés à maintenir cette relation de dépendance ?

Pour répondre à cette question, nous partirons d'une réflexion fréquemment entendue chez les éducateurs lors de désaccords avec les "psy". "Vous, vous voyez les enfants un quart d'heure, mais nous on les a vingt quatre heures sur vingt quatre ! " Qu'y a-t-il dans cette réflexion, dont l'agressivité camoufle à peine la souffrance ?

D'abord un ressentiment. En plus de leur savoir, les "psy" gardent les mains propres. Ils peuvent penser tranquillement dans leur bureau, ils ne mouillent pas la chemise. Les éducateurs au contraire sont tenus d'assurer. Ils se coltinent "la merde", et passent leur temps à ramer, ne serait-ce souvent que pour maintenir la barque à flot. On est donc confronté à cette situation, à peine caricaturale :

– d'un côté on pense, mais on n'agit pas,
– de l'autre on agit, mais on ne pense pas.[18]

A quelle condition ce double clivage peut-il être dépassé ? Il importe :
– que l'éducateur se convainque qu'il lui est permis et possible de penser là où il est,
– qu'il reconnaisse que là où le "psy" pense, du même coup, il agit.

Telle est la condition pour que les deux secteurs puissent collaborer sans que l'un ne tombe sous la dépendance de l'autre. Que l'éducateur préfère cette dépendance plutôt que d'assumer sa castration, c'est-à-dire sa pleine et entière responsabilité, telle est la raison de l'état de fait que nous connaissons. Mais c'est là méconnaître la grandeur et le caractère éminent de son rôle et de sa fonction. En effet, représenter la fonction paternelle et le mouvement de la métaphore du Nom du Père, c'est tout à fait autre chose que de se fonder sur la possession d'un diplôme pour exercer son rôle. L'éducateur qui assume son rôle et sa fonction peut se prévaloir et s'autoriser d'une compétence et d'une autorité pour le moins égales à celles conférées par n'importe quel diplôme. C'est de sa personne qu'il paie tribu pour garantir les conditions d'inscription de l'enfant dans le symbolique. Responsable et compétent, il l'est donc pour tout ce qui concerne le champ éducatif. Sa position ainsi définie, pourquoi ne reconnaîtrait-il donc pas la compétence de l'acte "psy" qui navigue davantage dans le registre de la pensée que dans celui du faire. La collaboration se développera donc en terme d'échanges, d'apports techniques, de compé-

---

18. Je ne peux manquer, au passage, de rapprocher cette formulation de la façon dont Lacan, reprenant le cogito cartésien, mais sur un mode négativé, épingle le sujet de l'inconscient : ou je ne pense pas, ou je ne suis pas, donc:
– là où je pense, je ne suis pas,
– là où je suis, je ne pense pas.
Telle est la formule de l'aliénation. Il m'est impossible de penser là où je suis, et donc d'être là où je pense.

tence à compétence égale. Chacun s'efforcera de ne pas déborder de son domaine si ce n'est au titre de suggestions.

On le voit, l'articulation des relations aussi bien verticales (avec le directeur et les chefs de service éventuellement), qu'horizontales (des différents secteurs d'activité les uns avec les autres), requiert que chacun se positionne de façon correcte dans son rôle et dans sa fonction. Telle est la condition de la circulation de la parole dans l'établissement. Si cette condition est remplie, n'est-elle pas la meilleure garantie que l'enfant pourra à son tour circuler dans la parole ?

Malheureusement, nous le savons bien, la plupart des établissements fonctionnent en l'absence de repérages clairs, qui laissent libre cours au pouvoir du directeur et aux jeux de séduction. L'éducateur qui voudra tenir une position se heurtera à une opposition généralisée, y compris des collègues. Tous les coups seront permis pour faire rentrer dans l'ordre le récalcitrant: dérision, mise à l'index, isolement, etc. Tout cela au nom de la tradition, de l'habitude, de la bonne entente dans le personnel. Il s'agit, en général, de se mobiliser pour maintenir un fonctionnement constitué d'un ensemble de petits avantages, arrachés ou distribués par le directeur ravi de gouverner à si bon compte. Si l'éducateur insiste, qu'il sache que l'opposition qu'il aura à subir, pourra aller jusqu'à mobiliser le directeur qui éventuellement prendra une décision de licenciement, bien évidemment avec un motif qui n'a rien à voir avec la réalité de la situation.

L'éducateur est ainsi confronté à une question éthique:
– jusqu'où aller en tenant sa position mais sans entrer en guerre avec les collègues ou le directeur ?
– jusqu'où céder, et sur quels points, sachant qu'en deçà d'une certaine limite la fonction éducative n'est plus tenable, et que l'éducateur se perd à force de compromis ?
C'est à chacun de répondre.

3) LA SEXUALITÉ EN INSTITUTION

Pendant longtemps la sexualité en institution a été niée. A l'heure actuelle, elle est soit réprimée soit tolérée, sous réserve qu'elle ne dérange pas le fonctionnement de l'établissement. Dans un cas comme dans l'autre, elle n'a pas acquis sa véritable place.

Quelle que soit la forme sous laquelle elle se manifeste, elle n'est jamais sans poser problème. Trop souvent, en effet, elle revêt les oripeaux de la perversion. Faut-il y voir une conséquence du handicap, ou un phénomène inhérent à la vie institutionnelle ? Dans ce cas est-il réductible ou non ?

La mixité, qui existe maintenant dans presque tous les établissements, a suscité au sein des équipes éducatives de nombreux débats contradictoires[19]. Un discours commun a été élaboré, des règles sont venues organiser les relations et garantir à chacun son intégrité.

Il n'empêche que les manifestations de la sexualité insistent et interpellent le personnel dans son ensemble. Quelle attitude adopter ? Faut-il voir ou faire semblant de ne rien voir ? Doit-on accepter, rejeter ce qui nous heurte ?

Dans tous les cas, la sexualité des personnes handicapées interroge et souvent brutalement les intervenants et suscite des réactions d'ambivalence. Comment en parler ? Quelle attitude adopter, qui maintienne une position éducative vis-à-vis de la personne accueillie ?

Avant d'essayer de répondre à ces questions, un petit détour s'impose :
– Qu'est-ce-que la sexualité ?
– D'où vient-elle ?
– Comment s'organise-t-elle ?

De nos jours ce terme court les rues, mais il n'est pas sûr qu'il soit toujours utilisé à bon escient. Est-ce qu'il va de

---

19. Ce constat pourrait presque laisser supposer que sans mixité pas de problème de sexualité. De fait, il existe encore des directeurs ou des conseils d'administration qui refusent la mixité pensant par là s'éviter les questions sur la sexualité.

soi, par exemple, de parler indifféremment de sexualité pour le chat, le lézard, la mante religieuse et pour l'homme ? Si oui, c'est pour le moins décevant ! Si non, en quoi s'en distingue-t-elle ? Bien entendu la différence ne réside nullement dans l'acte copulatoire lui-même. Mais que l'on compare la cour galante ou la drague aux diverses formes de parades (dites) nuptiales, et nous percevons bien l'écart. La sexualité humaine, à la différence de celle des animaux, est soumise aux aléas du langage. Telle est la sexualité lorsque l'élan vital qui pousse l'homme à se reproduire, s'aliéne dans les rets du langage et se fait demande, mais demande refoulée, c'est-à-dire pulsion.

Essayons d'approcher cette notion: Freud présente la pulsion comme un concept mythique situé à la limite du somatique et du psychique.

Sur son versant somatique, la pulsion connote l'élan sexuel de l'individu, sa volonté de se reproduire et de prolonger l'espèce. Mais ce qui se joue alors introduit une soustraction de vie qui a pour effet de le rendre mortel. En effet, l'homme n'est que le support des cellules germinales. Sitôt qu'il s'est reproduit, il devient, du point de vue de l'espèce, caduc. L'amibe, par contre, se reproduit par scissiparité. Elle est donc immortelle. Ainsi, à devoir en passer par la sexualité pour se reproduire, l'homme est-il introduit à la mort.

Puisque seule la pulsion représente la sexualité dans le psychisme, on comprend donc que toute pulsion soit, dans son fond, pulsion de mort. Ainsi marquée par cette soustraction d'être, la pulsion, par définition partielle, ne peut représenter que partiellement la cause de la sexualité.

Il n'est donc pas possible de postuler, comme l'a fait Karl Abraham, une maturation pulsionnelle qui, du stade oral, en passant par les stades, anal et phallique, déboucherait sur une génitalité accomplie. Les pulsions ne se nouent pas en gerbe pour former une totalité. Elles sont marquées d'un manque et demeurent désespérément partielles.

Sur le versant du psychisme, la pulsion, qui, seule, représente la sexualité dans l'inconscient, ne bénéficie pas d'un statut plus favorable. Très tôt, Freud constate l'absence dans l'inconscient, d'un représentant de l'opposition masculin-féminin. A cette carence, la pulsion répond de son mieux par l'opposition activité-passivité, qui pour autant n'en tient pas lieu.

La sexualité dans le psychisme n'a qu'un lointain rapport avec l'anatomie. Un seul sexe y est représenté chez le garçon comme chez la fille: le pénis[20], et ceci en dépit de la réalité observée. "On sait comment ils (les petits garçons) réagissent aux premières impressions laissées par le manque de pénis. Ils nient ce manque et croient voir malgré tout un membre ; ils jettent un voile sur la contradiction entre observation et préjugé, en allant chercher qu'il est encore petit et qu'il grandira sous peu...Dans tout cela le sexe féminin semble n'être jamais découvert"[21]. Ainsi, l'inconscient ne dit pas tout. Telle est la castration : le manque du signifiant qui bouclerait la chaîne.

Ainsi, de quelque côté que nous nous tournions, la sexualité se trouve marquée par le manque.

– côté pulsion, un manque à être, soit : "cette part du vivant qui se perd à ce qu'il se (re)produise par les voies du sexe"[22]. Cette "part du vivant" n'étant autre que la libido.

– côté psychisme, l'inconscient ne dit pas tout. Il est marqué par la castration soit : qu'il y a un impossible à dire. Cet impossible n'est pas un manque de savoir qu'un progrès pourrait venir combler. C'est un fait de structure, un vide nécessaire, le lieu et la condition d'émergence du désir.

Dans la rencontre (toujours manquée !) du sujet et de l'Autre, la pulsion a pour fonction d'articuler, dans une

---

20. S. Freud, *Les théories sexuelles infantiles*, Paris, P.U.F., 1977, pp. 14-27.
21. S. Freud, *L'organisation génitale infantile*, Paris, P.U.F., 1977, p. 115.
22. J. Lacan, *Position de l'inconscient*, Ecrits, Paris, Seuil,1966, p. 847.

tentative de recouvrement, ces deux manques bien différents :

– ce qui manque au sujet, soit la libido qui lui sert à investir les objets pulsionnels.

– le désir, soit par définition un vide qui n'est autre que l'index de l'objet primordial, irrémédiablement perdu.

Un tel nouage, paradoxal, d'un manque à un vide finirait par donner le vertige si le langage ne venait l'enserrer de ses mailles. Dans cette rencontre, le sujet ne peut que se faire représenter par un signifiant pour un autre signifiant, mais au prix de son être qui s'absente. Ainsi paie-t-il à l'Autre le tribut de sa livre de chair. Ce nouage en creux marque, côté pulsion, l'impossibilité de représenter complètement la sexualité, côté inconscient, d'en connaître le dernier mot.

Comment fonctionne la pulsion dans cette tentative de nouage, toujours avortée, du sujet avec l'Autre ? Freud nous le décrit à l'aide de quatre termes, dont le contenu ne fait que souligner l'inadéquation de l'homme à la sexualité.

1 *La poussée* : C'est l'élément moteur de la pulsion, sa force de travail. Chose curieuse, elle "n'agit jamais comme une force d'impact momentanée, mais toujours comme une force constante"[23], ce qui explique que même satisfaite, elle pousse toujours.

2 *Le but* : c'est la satisfaction qui ne peut être obtenue qu'en supprimant l'état d'excitation de la source. En effet, la sensation de déplaisir est en rapport avec un accroissement de l'excitation, et la sensation de plaisir avec la diminution de celle-ci. Ce but n'a donc rien à voir avec l'union sexuelle, il vise à maintenir un état de moindre tension.

3 *L'objet* : C'est ce par quoi la pulsion peut atteindre son but. "Il est, nous dit Freud, ce qu'il y a de plus variable dans la pulsion"[24]. Ces objets sont au nombre de quatre, deux ont été découverts par Freud, le sein et l'excrément, et deux par Lacan, le regard et la voix. Toutefois, une précision

---

23. *Ibid*, p. 14.
24. *Ibid*, p. 19.

s'impose quant à la nature de ces objets. Il ne faut pas oublier en effet que : "La pulsion est un produit du refoulement"[25]. Le sein ne saurait donc être ni le sein que l'on voit ni celui que l'on caresse[26]. Il est celui qui a été tété, qui a nourri et rassasié, et qui par définition est maintenant perdu. L'objet de la pulsion,"objet a"[27] comme l'appelle Lacan "n'est pas introduit au titre de la primitive nourriture, il est introduit de ce fait qu'aucune nourriture ne satisfera jamais la pulsion orale, si ce n'est à contourner l'objet éternellement manquant"[28]. Il en va de même des autres objets :

– l'objet anal est l'objet métaphorique par excellence. "un objet pour un autre, donner les fèces à la place du phallus. Vous saisissez là pourquoi la pulsion anale est le domaine de l'oblativité, du don et du cadeau"[29].

– l'objet scopique, le regard qui disparaît dès qu'on le croise pour laisser place à l'œil.

– l'objet vocal, le grain de la voix, qui s'efface derrière le sens du discours.

4 *La source* : elle correspond aux différentes zones érogènes. La bouche, avec l'enclos des dents, la marge de l'anus, la fente palpébrale et enfin, l'oreille. Notons que tous ces orifices sauf le dernier, ont la particularité de pouvoir se fermer. Ils produisent ainsi la coupure de l'objet pulsionnel qui choit, ouvrant une béance, un vide intérieur d'où l'objet est censé venir.

La pulsion est donc ce mouvement d'invagination, ce retournement du doigt de gant qui, traversant l'orifice,

---

25. G. Pommier, *Le dénouement d'une analyse*, Point Hors Ligne, 1987, p. 92.
26. Ce qui suffit à démontrer l'inanité des thérapies qui font revivre dans la réalité de prétendues régressions au stade oral, anal.
27 "a" désigne ce qu'il y a de commun à chaque objet pulsionnel soit, d'être manquant. "L'objet a est quelque chose dont le sujet, pour se constituer, s'est séparé comme organe. Ça vaut comme symbole du manque, c'est-à-dire du phallus, non pas en tant que tel, mais en tant qu'il fait manque." J. Lacan, Séminaire XI, Seuil, Paris, 1973, p. 95.
28. *Op. cit*, p. 164.
29. *Op. cit*, p. 95. Ainsi l'oblativité se ramène-t-elle au stade anal et n'a rien à voir avec le prétendu altruisme d'une hypothétique génitalité achevée.

cherche à se saisir de l'objet. Elle ne pourra faire plus que de contourner un leurre pour autant que l'objet n'est que le signe d'un manque et non ce qui pourrait le combler.

La pulsion par définition partielle, revêt donc le caractère d'un bricolage hétéroclite qui n'aboutit à son but – la satisfaction – qu'en proposant à l'Autre un semblant de rencontre. Dans ces conditions il n'est pas difficile de concevoir que la simple accentuation de l'une d'entre elles, la moindre fixation à une position active ou passive suffit pour que le sujet s'organise selon une structure perverse, ou se comporte selon les apparences de la perversion. Si toute sexualité perverse interpelle, c'est qu'elle confronte l'observateur à ce qui l'habite et dont il ne veut rien savoir : une sexualité morcelée, éclatée, partielle, fondamentalement insatisfaisante. Certes, l'amour vient plus ou moins masquer cette béance en revêtant la sexualité d'un statut apparemment unifié. Statut illusoire, bien sûr, puisque les pulsions n'en demeurent pas moins partielles.

En conséquence, *nous posons qu'il n'existe aucune différence de nature entre une sexualité perverse et une sexualité "normale", que dans tous les cas, le partiel constitue son fond, auquel on peut ajouter le morcellement et le caractère leurrant de la rencontre manquée.*

En suite de quoi nous pouvons conclure que même si dans les établissements la sexualité des personnes handicapées est souvent vécue sur un mode pervers, elle ne diffère pas pour autant de la nôtre.

Dans ces conditions notre proposition de départ selon laquelle "la sexualité en institution revêtirait souvent les oripeaux de la perversion", se justifie-t-elle toujours ? Nous le pensons, pour des raisons qui tiennent d'une part à l'évolution de la personnalité de l'enfant handicapé, d'autre part au fonctionnement institutionnel.

Dans la suite de ce chapitre, nous nous intéresserons plus particulièrement à l'enfant et à l'adulte psychotique, non seulement parce qu'ils constituent une grande partie des personnes accueillies en institution médico-éducative, mais encore parce que leur sexualité est rendue plus problématique par leur structure.

– Rappelons-nous que l'enfant psychotique n'est pas imaginarisé par sa mère comme un adulte en devenir[30]. C'est un morceau de corps, un organe, un bout de réel qui n'est pas investi de sexualité. L'enfant est maintenu à une place et dans une fonction qui l'empêche d'évoluer. Il peut grandir, se développer physiquement, mais à condition de rester un enfant. Il n'est pas rare de voir des mères continuer à laver leur enfant, à les accompagner aux wc à l'âge de la puberté. Tout désir est interdit, toute manifestation sexuelle déniée. Lorsqu'un passage à l'acte survient, il apparaît réellement incompréhensible pour les parents. Il revêt d'autant plus la forme d'une transgression, qu'il est inattendu et s'effectue sur un mode très pulsionnel. L'immaturité affective de l'enfant ou de l'adulte handicapé, les conditions d'effectuation de l'acte sont en général telles que la pulsion s'y déploie comme à l'état pur. Rien ne vient la médiatiser, ni l'amour auquel il n'a pas droit, ni la parole qui fait défaut, ni l'environnement qui ne prévoit nul lieu adéquat.

Chez l'enfant comme chez l'adulte psychotique, la sexualité est donc souvent vécue sur un mode pervers. Peut-il en être autrement puisque d'un côté ils sont la partie figée, immobile d'une constellation familiale, de l'autre, ils restent rivés à la jouissance maternelle, en-deçà du franchissement œdipien qui seul permet un repérage symbolique de la différence des sexes.

– Le fonctionnement institutionnel joue un grand rôle dans la propension des enfants et des adultes handicapés à vivre leur sexualité sur un mode pervers. De fait, elle s'inscrit encore trop souvent chez les professionnels de la prise en charge dans le registre du "je n'en veux rien savoir".

Il suffit d'écouter les éducateurs pour mesurer à quel point la sexualité, quand elle se manifeste dans une institu-

---

30. *Cf* 1° partie, chapitre 3.

tion, fait peur, à fortiori lorsqu'aucune position institutionnelle ne vient les soutenir.

Remarquons que dans les projets éducatifs, on ne trouve jamais rien sur le sujet. Sans doute faut-il en déduire qu'il serait parfaitement déplacé d'aborder ces questions devant les tutelles, tout comme devant le conseil d'administration, surtout s'il s'agit d'une association de parents d'enfants handicapés. Le directeur doit donc se débrouiller seul, d'autant plus seul, que sur cette question, l'équipe éducative avance souvent en ordre dispersé. Il faut reconnaître que beaucoup d'abus ont eu lieu qui s'inspiraient soit d'une idéologie libertaire agrémentée de mai 68, soit des thèses de Reich pour lequel la répression de la sexualité est la cause de tous les maux. On ne s'étonnera donc pas que, responsable d'institution, le directeur soit souvent tenté de prendre le contre pied de positions jugées trop laxistes.

Le risque de grossesse est presque toujours vécu comme une obsession par le directeur. Ainsi dans beaucoup d'établissements d'adultes la prise de la pilule est-elle obligatoire. Elle constitue même fréquemment une condition d'admission[31]. Afin d'éviter les oublis, il arrive que les éducateurs de soirée soient chargés eux-mêmes de la distribuer. Ce qui choque, ce n'est ni l'usage de la pilule, ni même sa distribution par les éducateurs, mais que dans beaucoup trop de cas, aucun mot ne soit mis dessus, aucune explication donnée, aucune discussion n'ait lieu qui permettrait à l'intéressée de subjectiver ce geste. Dans ce cas de figure, l'éducateur adopte la position parentale. La sexualité est niée, non par le moyen d'une dénégation qui la rendrait impossible, mais simplement parce que l'intéressée ne dispose d'aucun mot pour en parler. A ce niveau, la distribution obligatoire de pilules représente moins la prévention d'une éventuelle grossesse, qu'une façon de gommer la vie sexuelle de l'adulte handicapée. Des rapports peuvent avoir

---

31. Nous ne nous arrêterons pas sur les cas juridiquement condamnables de ligature des trompes, demandée par le médecin de l'établissement, avec l'accord des parents et pratiquée à l'insu de l'intéressée, à l'occasion d'une appendicite...

lieu, se répéter, faute des "mots pour le dire"[32], ils sont ainsi maintenus dans un en-deçà de ce qui est constitutif de notre humanité.

Fort heureusement, ce cas de figure tend à disparaître. Il laisse la place à un discours, en général ambigu, parfois cocasse. Citons à titre d'exemple ces établissements dans lesquels la pilule est obligatoire mais les relations sexuelles interdites ! Mentionnons le cas de ce directeur, sans doute un tantinet obsessionnel, qui n'autorisait la vie en couple qu'à la condition d'avoir reçu des impétrants un projet écrit !

La diversité des positions souligne la difficulté ressentie, par les directeurs et les équipes, à se repérer et à énoncer une parole claire. Ici la sexualité est niée, là elle est interdite, ailleurs elle est autorisée, mais sous le contrôle du directeur. Nous avons même appris, non sans surprise, que dans un établissement elle était "tolérée", sous réserve de ne choquer personne. Que l'on prenne ici la mesure de l'aveuglement qui permet de s'imaginer que des relations sexuelles en collectivité pourraient n'être pas dérangeantes ! De plus on voit se profiler l'emprise que cette position confère aux autres résidents sur le couple.

Attardons-nous quelque peu sur cet exemple, cité par un éducateur lors d'une formation, et qui nous semble assez bien illustrer la façon dont les situations s'embrouillent et dévient dès qu'il s'agit de sexualité. L'histoire se déroule dans un foyer mixte accueillant des adultes. Les résidents se répartissent dans des chambres à deux lits abritant des personnes du même sexe. La règle qui prévaut est la suivante : les relations sexuelles sont tolérées en l'absence du co-locataire de la chambre. Un couple s'est formé et bien sûr, le co-locataire se plaint qu'on l'incite à s'absenter trop souvent. Il ne se sent plus chez lui. "Il faudrait leur donner une chambre", clame-t-il dans les couloirs. Mais toutes sont occupées. Comme il n'éprouve pas de penchant particulier

---

32. Selon le titre du livre de Marie Cardinale, Les mots pour le dire, Grasset, Paris, 1975.

pour la co-locataire de la jeune femme du couple, aucune solution n'est en vue.

Le directeur qui voit arriver les complications, surtout si ce genre de situation devait faire école, préfère tout ignorer. Bientôt, un bruit court : le couple ferait l'amour devant le co-locataire. Une supposition, mais que les éducateurs aimeraient bien vérifier. Est-ce une perversion du couple, ou bien le prix à payer pour que cette relation soit déclarée "non dérangeante" par le co-locataire ? La question est longuement débattue. Certains éducateurs vont même jusqu'à laisser traîner, qui un œil, qui une oreille au trou de la serrure de la chambre qui abrite les ébats problématiques.

Pour mettre fin à cette situation insoutenable, l'équipe éducative somme le directeur d'aménager des chambres spéciales pour les couples. Le directeur qui ne possède ni chambre, ni crédit pour en construire, préfère persister dans son aveuglement : pas de couple, pas de chambre.

Rapidement le ton monte, chacun campe sur ses positions. C'est une véritable guerre de tranchée qui s'engage.

Cet exemple montre bien à quel point, dès qu'il s'agit de sexualité, les esprits s'échauffent et les fantasmes prolifèrent. Mais ce qui frappe le plus, c'est la façon dont ce scénario et son développement sont à l'avance préparés, organisés par le discours des adultes sur la sexualité. Car enfin, si les relations sexuelles ne sont que "tolérées", c'est qu'elles n'ont pas vraiment droit de cité. Ceux qui s'y risquent sont d'emblée placés dans une situation inconfortable. Pourquoi ne pas adopter une position claire qui serait beaucoup plus rassurante pour tout le monde ? La suite nous paraît encore plus préjudiciable : "à condition qu'elles ne dérangent personne". C'est presque de l'incitation ! Surtout si l'on prend en considération que le co-locataire doit laisser sa place. Dans ces conditions, un jour viendra, où inévitablement, quelqu'un sera dérangé. A cela s'ajoute l'attitude du directeur qui n'en veut rien savoir. Nous sommes là dans le registre de la dénégation : "je sais bien, mais quand même" qui correspond selon O.Mannnoni à la formule type de la perversion[33]. A cette perversion répond en miroir celle des éducateurs qui eux veulent non seulement voir, mais aussi savoir. Savoir si le couple se "fait voir" par le co-locataire. La boucle est ainsi bouclée et le foyer envahi de fantasmes pervers.

Cet exemple nous amène à poser deux questions :

– La première concerne les éducateurs. Revendiquer pour les résidents de meilleures conditions d'hébergement voilà sans doute une attitude satisfaisante. Mais cela relève-t-il de la compétence de l'éducateur ? La question se pose d'autant plus que dans ce foyer, le séjour est limité à trois ans. Que les éducateurs aident les résidents à s'installer au mieux : aménagement de la chambre, confort etc, certes ! Mais de là à s'engager dans une bataille sur la disposition architecturale des locaux, ne passent-ils pas à côté de l'essentiel de leur mission ? En effet, s'agit-il de s'emparer d'une question ou d'une demande des résidents pour l'élever au rang de revendication à brandir sous le nez du directeur, ou d'aider les résidents à soutenir par eux-mêmes leur demande ?

La première solution n'est qu'une forme déguisée de paternalisme. Il y a une demande, des résidents incapables de la soutenir, une cause juste à défendre. Il suffit de placer cette demande en I (idéal du moi), pour que l'éducateur qui enfourche ce cheval se voit comme aimable et justifié de charger les moulins à vent directoriaux[34]. On mesure la dimension narcissique de cette attitude qui nécessite pour tenir, une double supposition :

– que les résidents ne seraient pas capables de soutenir leur position devant le directeur,

– que la demande serait réelle et non supposée, et qu'elle serait bien celle perçue par les éducateurs. Dans le cas étudié, il est apparu, mais après la bataille, que le couple ne souhaitait nullement vivre ensemble, mais seulement partager des moments d'intimité.

---

33. O. Mannoni, *Clefs pour l'imaginaire ou l'Autre scène*, Seuil, Paris, 1969, pp. 11- 13.

34. *Cf* notre chapitre : l'introduction du symbolique, 1° partie.

Cette solution montre que la demande supposée des résidents a fourni aux éducateurs l'occasion, l'alibi pour se maintenir dans ce que nous avons appelé la position névrotique[35].

La seconde solution laisse au résident la responsabilité de formuler et de présenter sa demande. L'éducateur se met ici en position d'adjuvant. Il n'a rien à jouer, rien à perdre ni à gagner puisqu'il n'est pas en guerre, mais il ne peut non plus rien garantir. Sa mission est d'aider le résident à soutenir sa demande et à la mener à bien, c'est-à-dire à la faire entendre là où il convient, devant le directeur. Puisqu'il demande, il recevra une réponse[36]. Sa teneur n'est pas indifférente, mais elle est secondaire par rapport à l'importance de la démarche que le résident a réussi à mener, et aux explications qu'il aura reçues. Tel est, incontestablement, ce qui le préparera le mieux à affronter les obstacles auxquels il sera confronté une fois sorti de l'établissement. Tel est aussi le véritable travail de l'éducateur.

– La seconde question concerne et les éducateurs et le directeur. Quel discours tenir et promouvoir qui permette non seulement d'éviter les attitudes perverses, mais encore qui contribue, chez chacun, à la subjectivation de ses relations et de sa sexualité ?

Pour donner à un tel discours son assise, il est nécessaire de se souvenir de l'inadéquation du sujet confronté à sa sexualité. La faille qu'elle ouvre sous ses pieds l'entraîne dans un monde d'insatisfaction et de déplaisir. Certes, le complexe d'Œdipe installe un havre de paix relative. A condition toutefois que le fils ou la fille accepte la Loi du père qui fait obstacle à la jouissance. Telle est la condition d'émergence du désir et la Loi lui est foncièrement identique.

---

35. *Cf* notre chapitre : les pathologies institutionnelles, 3°partie, chapitre 1.
36. Nous pensons qu'un directeur qui ne se sent pas menacé par l'équipe éducative, ni mis continuellement sous pression, donnera normalement une réponse.

L'expérience clinique montre bien que c'est quand elle est défaillante que le sujet se trouve le plus en difficulté dans sa capacité à désirer. "Loin donc d'expliquer le conflit psychique, comme le ferait croire un raccourci trompeur selon lequel le sexuel serait à refouler parce que contraire à la loi, celle-ci intervient comme médiation, comme appui, voire comme béquille, en tout cas comme artifice et recours que le sujet trouve dans `l'ordre symbolique' pour structurer et abriter sa sexualité en tant que désir... Le désir constitue en somme une issue à l'impasse de la subjectivation de la sexualité."[37]

Ainsi donc, c'est bien la Loi, Loi de l'interdit de l'inceste, en tant qu'elle est identique à l'ordre du langage, qui constitue à la fois le meilleur soutien et la possibilité de structuration du désir. Telle est l'assise qui permet un discours clair sur les questions de sexualité en institution.

A partir de là, les choses peuvent s'organiser : les relations sexuelles peuvent-elles ou non être autorisées en institution ?

– Dans un établissement d'enfants, elles ne peuvent être qu'interdites, à charge pour les éducateurs de formuler clairement cette interdiction (et non de se perdre dans des explications).

– Dans un établissement accueillant des adultes il faut, à notre avis, distinguer deux cas de figures :

* s'il s'agit d'un court ou moyen séjour, trois ans ou moins, qui a pour objet de préparer un ailleurs à long terme, il est préférable d'interdire les relations sexuelles. On ne voit pas autrement pourquoi le jeune adulte voudrait progresser et quitter au plus vite un établissement où tout lui est offert sur un plateau : nourriture, logement, entretien du linge, activités diverses et copulation en prime.

* S'il s'agit d'une prise en charge à long terme, la possibilité d'entretenir des relations sexuelles avec un ou une

---

37. C Conté, *Le réel et le sexuel, de Freud à Lacan*, Point Hors Ligne, 1992, p. 87.

partenaire doit être considérée comme un droit. Des studios ou de petits appartements seront donc prévus pour les couples, afin qu'ils ne dérangent pas la collectivité. Notons ici que cette exigence ne relève pas de l'appréciation des résidents, mais de la responsabilité du directeur.

Un discours éducatif adapté à la pathologie de chaque résident est souvent plus difficile à élaborer. Comment, en effet, se représenter la sexualité d'un psychotique qui n'est pas structuré par la métaphore paternelle, c'est-à-dire par la traversée de l'Œdipe ? Le névrosé doit son repérage d'homme ou de femme à la fonction paternelle. Or, confronté à cette fonction, le psychotique la voit faire retour dans le réel. C'est à cette "métaphore dans le réel" qu'il demandera de décider de sa sexuation. Quelque soit le type de délire, il s'agira pour lui d'obtenir une signification sexuelle et de l'installer dans la réalité.

On connaît le délire du Président Schreber, et sa volonté de se féminiser, jusqu'à devenir la femme de Dieu afin d'enfanter une humanité régénérée. Dans le même ordre d'idées, on peut considérer le transsexualisme comme un délire réussi. Face à un délire psychotique on se gardera donc d'adopter une attitude rejetante, ou de renvoyer systématiquement à la norme.

La chance du psychotique, c'est de pouvoir "socialiser" son désir[38]. Aussi, le discours éducatif est-il celui qui, tout en maintenant les règles issues de l'interdit de l'inceste, saura inventer un minimum de place au délire psychotique en voie de socialisation.

Maintenir les règles : les passages à l'acte sont malheureusement fréquents en institution. Parfois insidieux, parfois violents, ils s'inscrivent souvent dans un "donné à voir" qui attend une parole.

Ainsi, par exemple en va-t-il de la masturbation qui s'étale au grand jour. Il y a une vingtaine d'années, la

---

38. *Cf.* C Calligaris, *Pour une clinique différentielle des psychoses*, Point Hors Ligne, 1991.

réponse éducative était : "ne fais pas cela !" De nos jours, elle est plus nuancée, du style : "si tu veux te masturber, va dans ta chambre, mais ne fais pas cela devant tout le monde !" A y réfléchir, il n'est pas sûr que l'on ait gagné au change. On peut regretter, en effet, que la première formule s'énonce en un impératif. Au moins avait-elle le mérite de poser un interdit clair et net. La deuxième formulation constitue une autorisation, voire une incitation à la masturbation. En cela, elle est critiquable. Pourquoi ? Non parce que l'acte en lui-même le serait, mais parce qu'un éducateur n'a pas à inciter un enfant ou un adulte à se livrer à une activité solitaire, auto-érotique, et régressive. Sa tâche consiste à le ré-introduire dans le langage. On peut donc imaginer une réponse du style :

– "tu sais qu'on ne peut pas se masturber devant tout le monde, c'est embêtant que tu ne puisses pas t'en empêcher ! Ne veux-tu pas profiter des copains ?"

Cette formulation ayant l'intérêt d'attendre une réponse et de le réintroduire au langage.

Mais il arrive que les passages à l'acte revêtent une forme violente : viols à plusieurs, forçage homosexuel etc. Il n'y a lieu ni de transiger (sur le mode : le pauvre petit, il ne savait pas, maintenant qu'on lui a expliqué il ne recommencera plus), ni d'hésiter à porter l'affaire devant les autorités compétentes, juge en particulier, ou procureur de la république. Tous ces passages à l'acte, comme tous les comportements pervers doivent être parlés dans l'institution, notamment avec les résidents. Rappelons-nous que le seul fait de parler n'est autre que la Loi elle-même dans son versant d'énonciation. De la même façon, lorsqu'un éducateur constate qu'un adulte se livre de façon passive à des pratiques dégradantes, il ne doit pas hésiter à l'inviter à la parole : "est-ce que tu penses qu'à te réduire à n'être que l'objet du plaisir de l'autre tu te rends service, est-ce que cela t'aide à savoir qui tu es... ?" Bien sûr, l'adulte peut répondre qu'il est bien comme ça et persister dans son comportement masochiste. L'éducateur sera donc confronté à quelque chose de particulièrement difficile pour lui-même. Mais il n'aura rien d'autre à faire qu'à supporter et à ne pas lâcher sur le plan de la nécessaire parole.

Inventer une place au délire, affronter les passages à l'acte, trouver des solutions progressives, ce n'est pas céder sur le cadre, ni accepter des exceptions, mais contribuer à l'invention d'un rôle et à la création d' un style. L'éducateur est appelé à faire preuve de créativité. Ce terme est avancé pour la première fois. Mais ici, tout particulièrement, il s'impose. Cette créativité n'est pas à entendre au sens d'un "faire". Nulle agitation ne saurait répondre si ce n'est sur un mode maniaque. Elle est d'abord une écoute disponible, patiente, qui implique d'accorder toute la place nécessaire au dire de l'autre. Comment s'effacer devant ce dire, se dégager des préjugés qui nous assourdissent, se rendre accueillant à cette parole nouée, souvent douloureuse, ou bien agitée et dévorante ? Telle est la responsabilité de l'éducateur. L'écoute authentique a ceci de particulier qu'elle rend à la fois humble et grave, alourdi du poids d'une parole pleine, reçue en confiance, mais en même temps allégé de tout ce dont il a fallu se dégager pour pouvoir l'accueillir. Ce paradoxe nous le retrouvons dans la conclusion que M. Bellet consacre à l'Ecoute : "Cet homme n'a fait que m'écouter. C'est de lui que j'ai entendu l'essentiel"[39]. L'émergence d'une parole qui se libère grâce à une écoute authentique, voilà ce qui permettra l'invention d'une place et pour celui qui l'occupera, la création d'un style. Nous sommes ici aux antipodes d'une éducation à l'adaption, et résolument installés au côté du psychotique dans cette position de déséquilibre, de funambule, les pieds tâtonnant sur le fil, et la tête dans les étoiles !

---

39. M.Bellet, *L'écoute*, EPI, Desclée de Brouwer, 1990, p. 198.

4) LES ADOLESCENTS ET LEUR PRISE EN CHARGE

Nous choisirons de parler de l'adolescence à partir de réflexions menées avec des éducateurs[40] pendant plusieurs années, réflexions qui ont débouché sur une demande de création de foyer.

1 *Remarques préalables* : Dans son ouvrage : "La Cause des adolescents"[41], Françoise Dolto souligne que : "l'on connaît moins bien l'adolescent que l'enfant". Il est d'ailleurs difficile de préciser la limite inférieure (11 ans, 13 ans ?), et supérieure de l'adolescence (18 ans, 20 ans ?). Quant à son contenu, et à l'intense travail de maturation qui s'y réalise, il est parfois si inquiétant, si dérangeant, si irritant même pour l'adulte, que l'on préfère en parler comme d'un mal nécessaire.

Si nous pensons, avec la plupart des auteurs, que l'adolescence est bien autre chose que le dernier chapitre de l'enfance, la simple attente de l'âge adulte, il importe d'en cerner le contour et d'en préciser les enjeux.

Le terme de "passage" revient dans presque toutes les études consacrées à l'adolescence. Il n'est pas faux, mais il a certainement contribué à la vider de son contenu : "ce n'est qu'un mauvais passage" ou "il prend un bon, mauvais tournant". Relevons dès à présent l'ambiguïté de ce terme qui, cependant, convient bien à l'adolescent puisqu'il peut désigner aussi bien une limite qu'une période de la vie.

Remarquons que le droit français[42], à la différence de la Rome antique, ne confère pas un statut particulier à l'adolescence. Elle doit donc être conçue d'un point de vue juridique comme une période d'ambiguïté entre minorité et

---

40. Je remercie Françoise Kocikowna, Nathalie Jaudeau, Bruno Chillet, qui ont largement contribué à l'élaboration de ce chapitre.
41. F. Dolto, *La Cause des Adolescents*, Paris, Robert Laffont, 1988, p. 15.
42. Ce paragraphe sur le juridique, ceux concernant l'argent de poche, la fugue, les pathologies, s'inspirent largement des remarques de J.J. Rassial, *L'adolescent et le psychanalyste*, Rivage Psychanalyse, 1990.

majorité, entre irresponsabilité et responsabilité. Elle se situe entre un "déjà plus" et un "pas encore" qui vient pervertir, nécessairement, le texte d'une loi qui fonctionne toujours par limite, et contraint le juriste à multiplier les exceptions.

Abord psychiatrique : la psychiatrie méconnaît cette spécificité propre à l'adolescence. Dans les cas les plus fréquents, les adolescents sont renvoyés du côté de l'enfance. L'idée d'inachèvement prédomine, et les troubles de l'adolescence sont expliqués soit par le moyen d'une pathologie, soit par un prétendu stade que, l'âge venant, l'adolescent pourrait dépasser.

A l'opposé, certains psychiatres assimilent l'adolescent à l'adulte. Ils sont ainsi en cohérence avec la découpe administrative, qui veut qu'à partir de 16 ans un adolescent relève du secteur de psychiatrie adulte. Ils courent alors le risque de nier le caractère transitoire de la plupart des symptômes adolescents, et par là-même la spécificité de l'adolescence.

Abord médico-éducatif : les éléments spécifiques de l'adolescence ont bien du mal à être intégrés dans la prise en charge éducative. Dans un I.M.P., le groupe des adolescents n'est, en général, que le prolongement du groupe des enfants. L'attente d'un passage en I.M.PRO., y joue un rôle dominant. Dans les I.M.PRO., la formation professionnelle occupe la plus grande place au détriment de l'accompagnement éducatif et du soutien thérapeutique.

Dans tous les cas, les adolescents sont la cause de malaises, de déstabilisation, d'inquiétude. En témoignent les nombreuses exclusions en cours d'année, appels aux secteurs pédo-psychiatriques etc.

Dans les trois champs énumérés ci-dessus, ce qu'il y a de propre à l'adolescence ne trouve pas à s'intégrer, sauf au titre de l'exception.

Ce qui est évité, et que l'on peut d'ores et déjà pointer comme l'élément spécifique de cet âge de la vie, c'est le caractère irréductible du rapport entre "l'être et le devenir" : Comment "changer en restant le même" ?[43]

C'est ce même paradoxe qui s'énonce dans ce double aspect que présente l'adolescence, d'être à la fois limite et période :

– limite entre deux statuts : celui de l'enfant qui joue et apprend, et de l'adulte qui travaille et s'inscrit dans le champ social.
– période :
– d'indécision subjective
– d'incertitude sociale
– d'inquiétude professionnelle.

2 *Réflexions éducatives et psychologiques* : Vers 6-7 ans, au sortir de la période œdipienne, les pulsions de l'enfant, fortement à l'œuvre jusqu'alors, vont s'apaiser. C'est une période d'accalmie. Progressivement, la tension pulsionnelle sera transmuée en curiosité, ouverture, esprit d'initiative, émulation positive. L'enfant renonce au jeu du désir œdipien dont les règles sont, d'avance, pipées pour lui[44]. Ce renoncement est analogue au travail de deuil. Acceptant la Loi du père, il lui faut instaurer *une bonne distance* entre lui et sa mère, lui et son père et en périphérie les autres qui l'entourent. "Bonne" n'implique pas qu'une distance particulière pourrait faire norme, mais que la mise à distance est l'attitude intrinsèquement bonne. Dans le meilleur des cas, pendant la période de latence, l'enfant a compris qu'il devra faire sa vie (affective et professionnelle) à l'extérieur de sa famille. Il conserve une grande tendresse pour sa mère et pour son père, avec toutefois pour ce dernier un sentiment partagé entre la confiance et la crainte.

Vers les 11 – 12 ans, l'adolescence commence avec la réactivation du travail pulsionnel, réactivation qui vient menacer un équilibre encore souvent fragile. C'est un temps d'importants remaniements qui sont nécessaires pour

---

43. *Ibid*, p. 60.
44. Selon les termes employés par F.Dolto *in Au jeu du désir*, Essais cliniques, Paris, Seuil, 1981.

permettre à l'adolescent d'effectuer le passage d'un monde familial déjà élargi, au monde social et professionnel où il devra trouver sa place et s'assumer de façon autonome. Pour décrire ce passage et le dénuement de l'adolescent qui abandonne son monde familier, F. Dolto utilise l'image des homards et des langoustes : "ils se cachent sous les roches à ce moment là, le temps de sécréter leur nouvelle coquille pour acquérir ses défenses. Mais si, pendant qu'ils sont vulnérables, ils reçoivent des coups, ils sont blessés pour toujours, leur carapace recouvrira les cicatrices et ne les effacera pas"[45]

Le fait capital qui marque la rupture avec l'état d'enfance, c'est la possibilité de dissocier de façon progressive la vie imaginaire et la réalité, le rêve et les relations réelles. C'est pourquoi, si elles ne débouchent pas sur de nouvelles positions identificatoires dynamiques, l'adolescent, aux prises avec de profondes désillusions, risque de sombrer dans la dépression.

La poussée pubertaire est un signe tangible que l'enfance est maintenant derrière soi. Les transformations du corps, leur précocité, leur retard laissent souvent l'adolescent désemparé, inquiet. Les réponses espérées ne viennent pas, ou trop partiellement, avec gène. La perspective des relations amoureuses fascine autant qu'elle effraie. Bien des adolescents, incapables de trouver une parole qui donne sens à leur désir se replient sur un narcissisme déprimant.

La "métaphore du homard" souligne bien le dénuement de l'adolescent contraint de larguer les amarres. Il est dans ce moment d'extrême fragilité en situation de délinquance : de-linquere = dé-loger les choses ou se déloger soi-même d'une place fixée[46]. L'adolescent abandonne les dépouilles de l'enfant qu'il n'est "déjà plus" pour se mettre en route vers ce qu'il n'est "pas encore" et qui de ce fait n'est au bénéfice d'aucune place symbolisée.

---

45 F. Dolto, *La cause des adolescents,* Paris, Robert Laffont, 1988, p. 15.
46. J.J. Rassial, *op. cit,* p 57.

D'une part, l'adolescent ressent au plus fort ce qu'on pourrait appeler la "tentation narcissique". D'autre part, il vit un temps qui est celui de l'exode (soit : la sortie).
Que cherche-t-il ?
La sortie : à prendre au sens où l'on dit : "par ici la sortie" ! F. Dolto le souligne à juste titre : "C'est curieux que les adolescents n'aient qu'un mot à la bouche : sortir. On dirait qu'ils sont comme des fœtus. Le fœtus, lui, ne sait pas qu'il pense à sortir mais, en fait, il le vit comme un désir-besoin parce que, s'il reste, il mourra. C'est la même chose d'un adolescent : s'il reste dans sa peau d'enfant, dans la sécurité que la famille lui donnait, cela devient la plus grande insécurité. Rester dans sa famille et écouter papa et maman, c'est impossible. Il faut assumer cet impossible d'une façon ou d'une autre, soit en s'intériorisant pour fuir sa famille, soit en s'extériorisant pour partir en sachant que sortir, c'est beaucoup mieux que de se refermer sur soi."[47]

Cependant, cette sortie ne s'effectue ni sans ambiguïté, ni sans difficulté. En témoignent les deux exemples qui suivent, choisis parmi d'autres, et spécifiques à la problématique adolescente.

L'argent de poche : Il change de statut et permet à l'adolescent les premières sorties du cadre familial. L'enfant est soumis au régime de la tirelire. Son épargne a pour origine le cadeau. L'adulte, par son salaire, s'inscrit dans le cadre d'une circulation financière. L'adolescent lui, revendique de l'argent de poche qu'il considère comme un droit. Il représente la perte du cadeau infantile et la possibilité de gaspillage, c'est-à-dire de jouissances partielles dont les marques jalonnent sa sortie hors de la famille (*cf* cinéma, flipper, etc.).
La fugue : elle n'est pas seulement la rupture intempestive du cadre familial, mais aussi et surtout la recherche d'un

---

47. F. Dolto,"Paroles pour les parents qui vivent avec des adolescents", *in Dolto Tollich,* Paroles pour adolescents ou le complexe du homard, p.126.

lieu mythique où il serait possible de se sentir réellement soi-même et reconnu comme tel au delà de son statut social. La fugue est la quête d'un endroit où pourrait imaginairement se vivre une existence sociale et une aventure solitaire, un endroit où se concilieraient le réel de la puberté et le symbolique de la Loi.

Entre l'enfance et l'âge adulte, la fugue de l'adolescent traduit son recul devant l'ordre établi.

La fugue et l'errance constituent une tentative d'inventer un autre espace, de créer d'autres règles. Il s'agit de refuser le jeu pour conserver l'illusion d'un *hors-jeu.*

Trouver la sortie constitue une exigence vitale, nécessaire au dépassement de l'adolescence. La fin de l'adolescence "c'est vraiment l'acceptation du deuil des parents qui ne vous comprendront jamais" et donc, la capacité de les admettre tels qu'ils sont, sans chercher à les changer, ni s'y opposer de façon réactionnelle. Chez l'adolescent, ce deuil parental va de pair avec l'élaboration d'un lieu qui lui convient enfin.

L'adolescence est franchie lorsque le sujet accepte le jeu social et s'y intègre parce qu'il a converti l'illusion d'un hors-jeu en ce que nous appellerons un style soit la capacité :
– à intégrer le réel de la puberté,
– à s'assujettir à la Loi,
– à s'inventer des identifications positives et dynamiques.

3 *Les pathologies* : L'adolescence apparaît souvent comme un "moment de folie". Entre la bouffée délirante du névrosé et la crise aiguë d'une psychose déjà constituée, le diagnostic est parfois difficile.

De ce fait même, il n'est pas étonnant que les adolescents soient fréquemment rangés dans la catégorie des "borderline" :

Les questions posées par l'adolescent sur le corps, l'identité, l'intégration dans le monde, la sexualité, recoupent celles qui sont propres à la psychose. Et ce, de façon d'autant plus proche qu'elles sont formulées au travers d'une théâtralisation constituée par la répétition de "passages à l'acte".

Il y a donc comme le dit J.J. Rassial proximité de l'adolescence et de la psychose,"l'adolescent est au vif, comme le psychotique, de la question de l'être, de l'être pour soi et de l'être pour autrui. La proximité de l'adolescence et de la folie est moins d'ordre clinique, qu'éthique"[48]. La liste des rapprochements entre l'adolescence et la psychose serait longue, privilégions quelques thèmes :

— *Modification de la réalité* : à l'adolescence, l'image du corps change, mais surtout change de statut. Le champ perceptif est modifié. Ainsi peut-on comprendre la fréquente maladresse de l'adolescent. La découverte de l'infini bouleverse ses repérages spatio-temporels. Cette découverte aide à comprendre l'attrait de l'adolescent pour l'inconnu, la science-fiction, la découverte des hallucinogènes.

— *La hantise du corps* : s'énonce souvent dans les manifestations dysmorphophobiques que l'on retrouve dans les bouffées délirantes. Ces craintes sont, bien sûr, accentuées par les modifications corporelles résultant de l'évolution physiologique.

L'image du corps élaborée chez l'enfant est débordée. Les identifications du Moi sont bouleversées, l'ordre symbolique est désorganisé. L'adolescent a du mal à s'approprier son corps . Son rapport aux autres est rendu incertain. Loin de l'assurer de la liberté qu'il désire, voilà qui le fait voisiner avec le délire.

— *Le suicide* : voilà bien ce qui prête le plus à confusion entre les moments paroxystiques d'une crise d'adolescence et la psychose. Distinguons :

---

48. *Ibid.*

— la tentative de suicide comme appel : L'Autre, ayant perdu provisoirement sa consistance imaginaire, n'est plus à même de répondre.
— la tentative de suicide comme réponse à un deuil. Si la morosité bien particulière de nombreux adolescents n'est pas nécessairement un signe de mélancolie, elle doit néanmoins être prise avec le plus grand sérieux.
— la tentative de suicide comme recherche de jouissance : l'adolescent expérimente toutes les formes de jouissance autres que sexuelles.

— *la drogue* : l'adolescent qui comprend que l'économie sociale n'autorise qu'une seule circulation, celle symbolique de l'argent et des marchandises, essaie d'autres voyages : il tente de circuler réellement. De ce point de vue, la drogue s'associe à la fugue et au suicide.

Le désancrage symbolique de l'Autre, laisse l'adolescent aux prises avec un monde aux forces préhistoriques, monstrueux ou endémique, ni imaginable, ni symbolisable et où se précipite le passage à l'acte.

Phénoménologiquement, le processus de l'adolescence rapproche le sujet de la psychose (surtout sur son versant schizophrénique). On se gardera donc de tout diagnostic prématuré sachant que l'adolescence est un "temps de folie névrotique" à rapporter non nécessairement à la psychose, mais à "un effacement provisoire des défenses névrotiques"[49].

4 *La prise en charge d'adolescents en foyer* : Il est nécessaire de tenir compte de ce que l'adolescence a de plus spécifique soit :

---

49. *Ibid.*

– la proximité avec la psychose qui appelle à la prudence lorsqu'il s'agit de distinguer entre phénomène d'adolescence et pathologie.

– le caractère paradoxal de ce moment où se joue en même temps l'être et le devenir du sujet,

– le hiatus entre limite et période,

– le refus souvent paroxystique de la réalité se conjuguant avec une recherche passionnée d'un hors-lieu mythique.

Comment faire tenir ensemble ce qui s'oppose de façon si radicale et parfois même désordonnée et violente ?

S'il est vrai que l'adolescence est franchie lorsque le sujet accepte le jeu (adulte) et s'y intègre parce qu'il a converti l'illusion d'un hors-jeu en un style, alors nous proposons la réponse suivante : *faire du Foyer d'accueil "le lieu transitionnel" qui permettra cette conversion.*

Certes nous n'avançons ce terme qu'avec prudence, suivant l'usage précis qu'en a promu Winnicott[50]. Mais précisément, nous pensons qu'il est ici parfaitement à sa place. Le foyer ne relèvera ni totalement de la réalité refusée par l'adolescent, ni du mythe sans avenir. Il sera ce lieu intermédiaire où l'adolescent pourra jouer sa conversion, et ainsi se construire.

A quelle condition un foyer pourra-t-il exercer cette fonction ? A une seule, mais redoutable si l'on veut s'y atteler avec sérieux : *à la condition que ce foyer soit d'abord l'affaire des adolescents eux-mêmes.* Ce n'est qu'à cette condition qu'ils pourront y projeter leurs souffrances, leurs limites, bref, leur problématique. Ils construiront ainsi leur attache au foyer grâce à laquelle ils pourront s'y reconnaître chez eux. Ainsi, l'adolescent ne ressentira pas son admission comme une perte pure qui aurait tôt fait de se transfor-

---

50. D.W. Winnicott, Objets transitionnels et phénomènes transitionnels, *in De la pédiatrie à la psychanalyse*, Paris, Petite Bibliothèque Payot, 1969, pp. 109-125. Sur ce sujet, on peut consulter l'excellent livre de H. O'Ddwyer de Macédo, *De l'amour à la pensée, La psychanalyse, la création de l'enfant et D.W.Winnicott*, Paris, L'Harmattan, 1994.

mer en révolte ou en attente passive d'un autre lieu. *Que la prise en charge du foyer soit l'occasion d'une réalisation personnelle et communautaire, tel est le levier qui lui permettra de convertir et d'ébaucher une construction et peut-être d'accéder à un style.*

L'autre spécificité est apparue dans notre bref aperçu juridique : *l'adolescence est le règne de l'exception.* C'est volontairement que nous avons attendu avant de pousser plus avant cette piste. En effet, la répétition de l'exception amène la réflexion à regarder du côté de la perversion. Or cette particularité ne renvoie pas à ce que la clinique appelle une structure perverse[51]. Elle constitue, au contraire, dans le cas présent, un trait de comportement adolescent à apprécier dans le cadre d'une prise en charge éducative. L'adolescent multiplie les exceptions à son endroit, et pour tout dire, il se veut lui-même une exception. C'est par là qu'il essaie de se faire reconnaître lorsqu'il achoppe sur une difficulté qu'il ne maîtrise pas.

D'un point de vue éducatif, cette revendication d'un droit à l'exception n'est pas à renvoyer systématiquement à la Loi ou à la règle communautaire. Elle est au contraire à accompagner avec la plus grande souplesse possible. Si l'adolescent réclame une exception, très bien ! Mais qu'il se l'offre lui-même. Qu'il en paie le prix et invente une solution originale et socialisée. L'adolescent doit se donner les moyens de ses exceptions, de ses passions, de son unicité. Par contre, s'il réclame son exception comme un dû, alors, il y a lieu de ne pas céder. C'est qu'il en est encore au régime de l'enfance.

Chaque exception abandonnée constitue un gain dans le parcours de l'adolescent. En effet, l'exception le retranche du groupe sans le rattacher à rien d'autre qu'à sa propre toute puissance. Il doit progressivement résoudre cette question : *"comment faire Un, distinct des autres, mais avec les autres, sans confusion et sans séparation".*

---

51. *Cf* 1° partie, paragraphe 3, illustrations cliniques.

Qu'en est-il de la fonction d'un foyer d'adolescents ? Un tel foyer ne peut se limiter à la prise en charge des tâches quotidiennes, à l'aménagement et à l'animation des temps communs. Une seconde fonction lui est dévolue, mais qu'il importe de bien distinguer de la première, même si elle se déroule dans le même lieu. Nous la nommerons *"fonction de recentrement du projet éducatif"*. Elle est à concevoir en termes d'alternance temporelle. Elle doit permettre à l'adolescent de trouver auprès de l'éducateur (qui est responsable in fine de son projet et de son suivi) le moment de reprise de tout ce qui s'est passé dans la journée : joies, peines, difficultés etc, de même qu'elle est l'occasion de préparer la journée du lendemain, d'anticiper les obstacles etc.

Cette alternance, entre les moments d'autonomie de la journée où l'adolescent se trouve seul en situation de devoir résoudre par lui-même les divers problèmes qu'il rencontre et les moments de discussion, de résolution des difficultés, de réassurance aussi, nous paraît susceptible de bien répondre aux besoins et aux exigences de l'adolescence, à savoir :
– la nécessité de s'aventurer, de se risquer et par là même de s'évaluer,
– le besoin d'être encore accompagné, rassuré sur ses capacités, encouragé, soutenu, valorisé.

Le monde social et professionnel offre une place à l'adolescent. S'il la refuse aussi souvent, c'est parce qu'elle est ressentie comme impliquant une allégeance à des règles et à des valeurs qu'il n'accepte pas ou qui ne le concernent pas. L'entrée dans la vie sociale et plus encore professionnelle est perçue par les adolescents comme une perte sans qu'ils sachent même, clairement, ce qu'il leur faut lâcher.

La fonction de l'éducateur n'est pas de prendre partie arbitrairement pour le social. Cela n'aboutirait qu'à braquer l'adolescent ! Elle est au contraire de l'accompagner, d'entendre la souffrance suscitée par cette perte et de faire valoir que peut-être à l'autre extrémité du parcours *il y a un gain du côté des identifications*.

En effet, l'entrée dans le monde social et professionnel va contribuer à l'intégration d'un ensemble de règles, de liens sociaux, de rôles avec lesquels l'adolescent va devoir composer. *Il s'agit pour lui de s'approprier un cadre, des valeurs, sans nécessairement y adhérer, ni s'y vouer, d'apprendre qu'il est donc possible d'y apporter un minimum de jeu et d'y faire valoir son style.*

Accéder à un style signifie que les renoncements ne se sont pas réalisés sur un mode artificiel, contraint, mais qu'ils ont été l'occasion d'affirmer ses choix, ses goûts, d'élaborer une personnalité affirmée, riche et créative.

CONCLUSION

Le lecteur qui nous aura suivi jusqu'ici a sans doute perçu tout le respect et l'admiration que nous portons à ceux qui, montant sur la scène du monde, s'y risquent à représenter la fonction éducative. Aussi, n'est-ce pas sans regret que nous voyons l'éducateur trop souvent ployer sous le fardeau, s'épuiser dans les soucis quotidiens ou les querelles d'institution.

Par ce livre, nous espérons contribuer à le soulager d'une charge excessive et inutile. En effet, l'éducateur n'est appelé qu'à un seul effort, mais bien recentré, celui qui consiste à incarner la fonction la plus éminente : Eduquer.

S'il est vrai que le rôle éducatif consiste à tenir une position, celle qui nous est donnée par la métaphore du Nom du Père, alors nous sommes autorisés à penser que toutes les vertueuses pédagogies, "depuis l'Emile jusqu'au Surémile"[52], n'interviennent dans le jeu que de façon purement superfétatoires. L'acte éducatif ne relève ni de la rigueur spartiate, ni de l'artifice séducteur. *C'est une position énonciative.*

Pas plus ne se ramène-t-il à un faire (à la place de, pour, etc.), qui s'achève toujours par un "vois ce que tu me fais",

---

52. *Cf* Scilicet, *Une paternité*, n°5, Paris, Seuil, 1975, p. 127. L'auteur précise à propos du Surémile : Summerhill, of course.

auquel s'ajoute inévitablement, pour bien enfoncer le clou : "après tout ce que j'ai fait pour toi !"

La fonction éducative est la mise en acte d'un discours qui s'articule à la castration. Tel est le véritable héritage symbolique qui se transmet du père (ou de son tenant lieu) à son enfant.

"Etre ou ne pas être éducateur", voilà la question que nous avons reprise sous ses différentes facettes, personnelle et institutionnelle. Ce faisant, nous avons croisé plusieurs fois et répondu à notre question de départ : "pourquoi l'éducateur se tient-il si souvent en deçà de sa fonction, ce qui l'amène à être si mal reconnu et si peu valorisé" ? A sa place, il est le témoin d'une vérité redoutable, la même pour tous, bien qu'elle se décline de manière différente pour chacun : l'homme est habité d'un vide. Ce manque qui le supporte lui fait horreur. Cependant, l'éducateur sait que rien n'est plus préjudiciable que ce qui vient l'occulter : fusion bienheureuse, rêve de plénitude.

Ainsi positionné, l'éducateur peut sentir les ravages de la psychose et le tragique de la névrose. N'est-il pas confronté chaque jour, sous une forme ou sous une autre, au "mé phunaï !" d'Œdipe à Colonnes : "que ne suis-je pas né !" C'est cette même question qui fait écho chez Cioran : "Ne pas naître est sans contredit la meilleure formule qui soit. Elle n'est malheureusement à la portée de personne"[53]. Cet impossible à ne pas être né suffit amplement à fonder l'éthique éducative. Comment aider l'enfant, l'adolescent, l'adulte qui dans son fonds est habité par cette question ? L'éducateur est témoin de cette faille, de ce désir qui l'anime ou qui se tait.

L'éducateur s'est engagé dans le véritable amour, celui qui consiste à "donner ce qu'on n'a pas". Aussi pourra-t-il soutenir devant cet enfant, cet adolescent, cet adulte, qu'il n'est pas seul, qu'une parole est possible, et qu'elle peut l'ouvrir à sa vérité. L'éducateur est non seulement témoin

---

53. Cioran, *De l'inconvénient d'être né*, Paris, Gallimard, 1973, p. 246.

mais aussi garant que cette faille ne sera pas refermée au nom de l'adaptation sociale et de ses impératifs.

De ce point de vue, nous avons pu mesurer la vanité de la méthode comportementaliste et de ses innombrables variantes, qui n'ont pour objet que de la combler. Quant aux programmes d'insertion qui n'en veulent rien savoir, ils resteront lettre morte à imputer au registre des intentions bonnes sans doute, mais vaines.

L'éducateur n'est-il pas appelé à jouer un rôle fondamental, tant il est vrai qu'une société peut être jugée sur la façon dont elle traite les plus démunis et les plus souffrants ? Dans notre monde aux valeurs économiques et techniciennes, il ne s'agit pas seulement de revendiquer une place pour les souffrants mais d'affirmer que sans cette place notre monde a perdu son sens. Il n'est devenu qu'une gigantesque machine qui fonctionne, mais à vide.

Ainsi, l'éducateur est-il devenu un veilleur qui sans cesse rappelle que la question du sujet, qui n'est autre que celle du désir, ne saurait être occultée. La forclusion de la vérité de l'homme, de cette faille subjective qui nous traverse a pour conséquence ce que Freud a pudiquement appelé "Malaise dans la civilisation". On sait aujourd'hui jusqu'où ce malaise peut nous entraîner.

Depuis un siècle, l'image du père s'est délitée. Peut-être n'y a-t-il pas à le regretter. Mais il serait grave de ne pas s'inquiéter de ce qui se perd avec l'effondrement de cette fonction. L'œuvre de F. Kafka dépeint l'image d'une société obsessionnalisée à l'extrême. Peut-on imaginer le sort qu serait réservé aux psychotiques dans un monde qui aura basculé dans la perversion !

L'éducateur est un veilleur inlassable, un témoin incorruptible, un garant que cette fonction paternelle est, et demeure, le pivot qui permet au sujet d'exister, à la société de reconnaître une place à chacun et au monde de maintenir ouverte la question de sa vérité.

L'éducateur est sans aucun doute le mieux placé pour restaurer la fonction paternelle. Il est, en effet, celui dont le rôle consiste à l'incarner dans sa rigueur et dans sa plénitude. Confronté à cette responsabilité, saura-t-il relever ce défi ?

TABLE DES ABRÉVIATIONS

AAH : Allocation d'Adulte Handicapé
AES : Allocation d'Education Spéciale
CART : Centre d'Adaptation et de Réadaptation au Travail
CAT : Centre d'Aide au Travail
CDES : Commission Départementale de l' Education Spéciale
CRISMS : Commission Régionale des Institutions Sociales et Médico-Sociales
CROSS : Commission Régionale des Organismes Sanitaires et Sociaux
CRAM : Caisse Régionale d'Assurance Maladie
DDASS : Direction/Directeur Départemental(e) des Affaires Sanitaires et Sociales
DSD : Direction/Directeur de la Solidarité Départementale
IMP : Institut Médico-Pédagogique
IMPro : Institut Médico-Professionnel
IRPsy : Institut de Rééducation Psychologique
PJJ : Protection Judiciaire de la jeunesse

653745 - Mai 2016
Achevé d'imprimer par